Calvert Roszell
Erlebnisse an der Todesschwelle

PRAXIS ANTHROPOSOPHIE 8

Praxis Anthroposophie – die Taschenbuchreihe für Vorausdenkende: Heute sind Ideen gefragt, die nicht nur das Bestehende erfassen, wie es ist, sondern es vorausdenkend weiterentwickeln. *Praxis Anthroposophie* stellt solche Ideen vor – individuelle Entwürfe, die durch den Gestaltungswillen ihrer Autoren geprägt sind. *Praxis Anthroposophie* sucht das Gespräch, die offene Form, in der sich die geistigen Strömungen unserer Zeit begegnen.

Über das Buch: Namhafte Mediziner aus den USA und aus Kanada haben über Erlebnisse an der Todesschwelle (Near-Death Experiences) geforscht, seit G. Ritchie von seinen Erfahrungen während der neun Minuten seines klinischen Todes bis zur Wiederbelebung berichtet hatte. Manche von ihnen sind auf der Suche nach einer physiologischen Erklärung solcher Erlebnisse zu der Anschauung gelangt, die für Ritchie unbezweifelbar ist und sein Leben gewandelt hat: Der Geist führt ein Leben über die Grenzen des Leibes hinaus. Sein Bericht zeigt erstaunliche Übereinstimmung mit den Darstellungen, die Rudolf Steiner aufgrund seiner Geistesforschungen geben konnte.

Über den Autor: Calvert T. Roszell, geboren 1955, ist Germanist und lehrt am Washtenaw Community College in Ann Arbor/Michigan. Er veröffentlichte u.a. in «The Baker Street Journal» der Fordham University Press/New York, in den «Mitteilungen aus der anthroposophischen Arbeit in Deutschland» und im «Goetheanum». Gleichzeitig mit dieser deutschen Ausgabe erscheint die amerikanische Fassung seines Buches unter dem Titel *The Near-Death Experience of George G. Ritchie* bei Anthroposophic Press in Hudson/New York.

CALVERT ROSZELL

Erlebnisse an der Todesschwelle

Mit einem Vorwort von George G. Ritchie

VERLAG FREIES GEISTESLEBEN

Deutsche Fassung nach dem Manuskript des Autors
bearbeitet von Doris Hecht

Die Deutsche Bibliothek – CIP-Einheitsaufnahme

Roszell, Calvert:
Erlebnisse an der Todesschwelle / Calvert Roszell.
Mit einem Vorw. von George G. Ritchie.
[Dt. Fassung bearb. von Doris Hecht]. – 2. Aufl. –
Stuttgart: Verlag Freies Geistesleben, 1993
(Praxis Anthroposophie; 8)

ISBN 3-7725-1208-9

NE: Hecht, Doris [Bearb.]; GT

2. Auflage 1993

Umschlaggestaltung: Walter Schneider unter Verwendung
des Gemäldes «Paulus vor Damaskus» (Ausschnitt)
von Richard Hohly
Druck: Clausen & Bosse, Leck

Für Hanna

Für die Mitarbeit an der deutschen Ausgabe habe ich an erster Stelle Doris Hecht zu danken, die das Manuskript eingehend und feinfühlig, auch nicht selten anhand eigener Kenntnisse des Stoffes durch wichtige Korrekturen, Ergänzungen und zusätzliche Quellennachweise bearbeitet hat. Helgund Neelsen-Youssef verdanke ich die Übersetzung von George Ritchies Vorwort. Von den zahlreichen Freunden, die mich bei der Vorarbeit zu dem Buch, vor allem bei den Vorträgen, unterstützt haben, möchte ich hier wenigstens Professor Frederick Amrine (University of Michigan, Ann Arbor), Bruce und Ruth Nilsson und Maria Gracanin dankbar nennen.

Inhalt

Wo befinden wir uns? In einem Raum, dessen Grenzen wir nicht erkennen und den wir endlos glauben. Es ist uns, als ob wir plötzlich auf einer Treppe erwachten. Unzählige Treppen haben wir schon bestiegen, unzählige führen weiter nach oben in unsichtbare Räume. Der Genius, der nach dem Glauben der Alten das Tor hütet, durch das wir ins irdische Leben treten, und uns den Trank des Vergessens reicht, damit wir nicht erzählen können, was wir erlebt haben – er mischte den Trank zu stark: Selbst am hellen Mittag können wir den Schlaf nicht von uns abschütteln; Schlaf liegt auf unseren Augen das Leben lang, wie am Tage die Nacht in den Ästen der Tannen.

Ralph Waldo Emerson

Vorwort

Calvert Theodore Roszell, von seinen Freunden Ted genannt, nahm vor ungefähr zwei Jahren Kontakt mit mir auf, um mir seinen Dank und sein tiefes Interesse für die Schilderungen meiner Erlebnisse an der Schwelle des Todes auszusprechen. Während der folgenden zwei Jahre standen wir in lebhaftem Briefwechsel miteinander; dann folgte meine Einladung zu einem gemeinsamen Ausflug. Als wir uns beim Angeln und Fischen näher kennenlernten, wurden wir Herzensfreunde.

Obwohl ich den größten Teil meines Lebens mit jungen Menschen arbeitete, traf ich bisher keinen, der mit so brennendem Interesse zu erfahren suchte, was mit uns geschieht, wenn wir die Todesschwelle überschritten haben. Durch seine Briefe und die persönliche Begegnung mit ihm wurde mir bewußt, daß diesem Suchen die Frage nach dem geistigen Wesen des Menschen und seiner Bestimmung zugrunde liegt.

Forschungsergebnisse haben gezeigt, daß sehr erfolgreiche Menschen bereits in jungen Jahren ihre Lebensaufgabe und ihren Beruf klar vor sich sahen. Calvert macht dabei keine Ausnahme. Bereits mit sieben Jahren, als er zum erstenmal die deutsche Sprache hörte, erkannte er seinen künftigen Weg. Er studierte an der Universität Germanistik und führte dann seine Studien mit Hilfe eines Stipendiums in Deutschland weiter. Während dieses Studienaufenthaltes kam er mit Leben und Werk Rudolf Steiners in Berührung. Das sprach ihn unmittelbar an und bestärkte ihn in seinem Interesse sowohl für die geistige Natur des Menschen als auch für dessen Schicksal nach dem Tode. So war es nur natürlich, daß sich Calvert als Schriftsteller und Philosoph eingehend mit Erlebnissen an der Todesschwelle befaßte und dieses Buch geschrieben hat, das sowohl von umfangreicher Forschungsarbeit als auch von dem tiefen geistigen Blick seines Verfassers zeugt.

Es scheint mir im Leben dieses jungen Menschen von größter Bedeutung zu sein, daß er Liebe, Güte, Mitleid und Anteilnahme für seine Mitmenschen entwickelt hat. Diese menschlichen Eigenschaften lassen ahnen, daß er die Wirklichkeit des Christus in sich selbst erfahren hat, so daß er seinem Gebote folgt, andere ebenso zu lieben, wie er geliebt wurde. Er lernte sein Leben zu verwandeln, auch ohne dem eigenen Tod ins Auge gesehen zu haben.

Ich empfinde es als eine Auszeichnung, dieses Buch all denen empfehlen zu dürfen, die mehr erfahren wollen von dem, was wir erleben, wenn wir durch den Tod gehen, und von den Wegen, die der Tod uns öffnet.

George G. Ritchie

Einleitung

In diesem Buch soll auf das Rätsel des Lebens aus der Sicht von Erfahrungen und Erlebnissen geschaut werden, die am Tode gemacht wurden. Von neuen wissenschaftlichen Entwicklungen ausgehend, wird es zu Betrachtungen darüber führen, welche Rolle eine zwar nicht wissenschaftlich-objektive, doch deshalb nicht minder evidente, unmittelbare Erfahrung und Beobachtung spielen.

Viel ist über Todeserfahrungen gesagt und geschrieben worden, seit 1975 Raymond Moodys Buch *Leben nach dem Tod* erschien. Weit weniger nahm das große Publikum zur Kenntnis, in welch hohem Maß Forschungsarbeiten wie die des Kardiologen Michael Sabom (Atlanta) darauf hinweisen, daß es sich bei diesen Erlebnissen um geistige Erfahrungen in leibfreiem Zustand handelt. Und noch weniger bekannt ist, daß die Schilderungen, die George Ritchie von seinem Erlebnis jenseits der Todesschwelle gab, und Rudolf Steiners Beschreibungen der geistigen Welten einander bis in Einzelheiten hinein entsprechen. So stellt sich die Frage, ob nicht gerade Erlebnisse wie die von George Ritchie Zeugnis ablegen sowohl für die lebendige Gegenwart des Christus als auch überhaupt für geistige Wesen und Tatsachen, wie sie die Geisteswissenschaft Rudolf Steiners darstellt.

George Ritchies Erzählung von seiner Christus-Begegnung veranlaßte Raymond Moody, über Erlebnisse an der Todesschwelle zu forschen. Die Veröffentlichung seiner Forschungsergebnisse weckte in vielen Ländern das öffentliche und auch wissenschaftliche Interesse für diesen Gegenstand. Moody widmete sein Werk George Ritchie.

George Ritchie ist ein großer, stattlicher Mann schottischer Abstammung. Er spricht in einfachen, klaren Sätzen und in dem sanften Tonfall Virginias. In seiner Gegenwart fühlt man sich wohl, denn es geht eine heitere Ruhe von ihm aus, Kennzeichen eines Menschen, der in Frieden mit sich und anderen lebt. Lebenserfahrung und Sensibilität haben ihn zu einem begabten Erzähler gemacht. Er angelt, und er ist großzügig mit dem Fang des Tages.

Rudolf Steiner wird den meisten Lesern bekannt sein als Begründer der Anthroposophie, das heißt einer modernen Wissenschaft vom Geist, wie er im Menschen und im Weltganzen waltet und allen Erscheinungen der materiellen Welt zugrunde liegt. Seine Darstellungen übersinnlicher Wirklichkeiten sind, wie könnte es anders sein, auch unter Nichtatheisten umstritten. Zwar sind viele angesichts der Mannigfaltigkeit der Naturerscheinungen von der theoretischen Notwendigkeit der Existenz Gottes überzeugt; doch ist es grundsätzlich etwas anderes, in lebensgesättigten, anschaulichen Bild-Ideen diese unsichtbaren Naturkräfte selber zu schildern. Anschauungen wie die Steiners werden daher von manchen, nicht anders als beispielsweise die Offenbarung des Johannes, für Poesie gehalten – so wie die Erlebnisse in Todesnähe als Halluzinationen betrachtet werden. Andere dagegen sehen in beiden die Darstellung von Wirklichkeiten, die gewöhnlich verhüllt sind, als Grenzerfahrungen jedoch in das menschliche Bewußtsein eintreten können. Wissenschaftler wie Künstler gehören interessanterweise beiden Gruppen an, und der Übergang zwischen ihnen ist fließend. Der Autor selbst ist der Überzeugung, daß Rudolf Steiner die Gewässer der Geisteswelt als ein wahrhaft Kundiger befuhr und daß die Erlebnisse an der Todesschwelle immer öfter wahre Einblicke in diese selbe Welt gewähren.

Viele Menschen, die Erlebnisse an der Todesschwelle oder ähnlich umwälzende Prozesse durchgemacht haben, stellen fest, daß sie sich fortan Ziellosigkeit und Haß immer weniger leisten können. Sie richten ihr Handeln immer mehr nach dem aus, was das Leben fördert. Der Quell der Verwandlung ist für manche dieser Menschen die Begegnung mit einem Lichtwesen, das sie als den Christus identifizieren.

George Ritchie ist einer von diesen. Seine Lebensgeschichte bezeugt besonders klar die inspirierende Gegenwart des Christus in unserer Zeit – aber auch genaue Kenntnisse von Wesen und Ereignissen der geistigen Welt, wie sie erst durch die Geisteswissenschaft Rudolf Steiners ganz überschaubar werden. Rudolf Steiner hat in Einzelheiten geschildert, wie im 20. Jahrhundert Menschen an die Schwelle zur ätherischen Welt hingeführt werden und wie sie dort der ätherischen Gestalt des auferstandenen Christus begegnen. Er spricht ganz offensichtlich die Wahrheit. Indem wir uns für diese Wahrheit aufschließen und sie auf uns wirken lassen, findet eine Verwandlung statt, durch die wir uns zusammen nach und nach in die Gemeinschaft mit dem Christus-Wesen hineinleben.

Erster Teil
Das Rätsel des Bewußtseins

Kaum eine Frage unseres Jahrhunderts stellt uns vor ein größeres und in seinen Konsequenzen unabsehbareres Rätsel als die Jenseits-Berichte von Wiederbelebten wie George Ritchie. Was bedeuten diese Erlebnisse? Sind sie durch Sauerstoffmangel verursachte Halluzinationen? Sind sie außerkörperliche Erfahrungen, die Einblicke in übersinnliche Welten gewähren?

Je ernsthafter man in die Fragestellung eindringt, desto deutlicher wird, daß man es mit dem grundlegenden Problem des Verhältnisses von Leib und Seele zu tun hat, anders ausgedrückt, mit der Frage nach Wesen und Bestimmung des Bewußtseins überhaupt. Ist der Geist eine Chimäre der Neurophysiologie? Oder sind Gehirn und Sinnesorgane gar nicht Hervorbringer, sondern nur Instrumente des Bewußtseins? Von der einen Seite kommen uns konkrete, aber nur durch mittelbare Methoden gewonnene Daten der medizinischen Physiologie entgegen, von der anderen Seite unsere zwar flüchtigen, dafür aber in unmittelbarer Intuition gewonnenen seelischen und geistigen Einblicke. Läßt sich das Rätsel des Bewußtseins nur durch eine dieser Erkenntnisarten, unter Ausschluß der anderen, lösen? Oder bedürfen wir beider, um zu einer befriedigenden Antwort zu kommen?

Greifen wir, um uns einer Antwort auf diese Fragen zu nähern, zunächst auf eine «alte Erzählung» zurück; sie kann uns als Beispiel dafür dienen, wie in der Antike die Welt jenseits der Todesschwelle erlebt und beschrieben wurde. Gegen Ende seines Buches vom Staat (Politeia), im zehnten Buch, schildert Platon die Geschichte des Soldaten Er, der, dem Tode nahe, auf dem Schlachtfeld geblieben war, am zwölften Tag jedoch, als er bereits auf dem Scheiterhaufen lag, wieder zu sich kam und nun berichtete, was er «dort» gesehen hatte. Da die Geschichte nicht allgemein bekannt ist, sei sie hier etwas ausführlicher dargestellt.

Nachdem Ers Seele aus dem Leib ausgefahren ist, wandelt sie mit anderen zusammen an einen Ort, der eine Art Zwischenreich zwischen Erde und Himmel darstellt. Er selbst bekommt den Auftrag, zu hören und zu schauen und dann den Menschen auf der Erde ein Verkünder zu sein. Die anderen Seelen werden von Richtern nach ihren Taten geschieden: Die Gerechten schlagen den Weg nach rechts oben ein, wo eine Spalte im Himmel sie aufnimmt; die Ungerechten müssen durch eine Öffnung den Weg in die Erde hinein nehmen. – Dann tauchen aus der Erde andere Seelen auf, von Schmutz und Staub bedeckt; reine Seelen steigen vom Himmel herab. Sie begrüßen einander und tauschen aus, was sie erlebt haben. Besonders anschaulich werden die Leiden der aus den unterirdischen Reichen Gekommenen geschildert, als Folgen des im vorigen Leben begangenen Unrechts, sowie die Furcht, der Erdenschlund könne sie nicht mehr freigeben. – All diese Seelen brechen nach einiger Zeit auf und gelangen schließlich in ein Licht, glänzender und reiner als der Regenbogen und den ganzen Umfang des Himmels zusammenhaltend. In dieser reinen Sphäre des Lichts schauen sie nun das Gesetz, das über allem waltet: das Gesetz der Notwendigkeit und das Wirken der Moiren, der Schicksalsgöttinnen. Sie wählen den Grundriß ihrer künftigen Lebensweise, in Gemäßheit ihrer Vernunft und Einsicht, und erhalten eine jede von Lachesis den «Dämon» zugesellt – wir würden sagen den «Engel» –, der als Hüter ihres Lebens für die Vollstreckung des Gewählten sorgen wird. Danach kommen sie auf das Feld der Vergessenheit und trinken vom Wasser des Flusses Lethe, das sie alles vergessen macht. Schließlich werden sie «hüpfend wie Sterne, der eine hierhin, der andere dorthin getrieben, um eben ins Leben zu treten», wo «ein neuer todbringender Umlauf beginnt für das sterbliche Geschlecht».

Der Stand der medizinischen Forschung

Aus mehreren Jahrtausenden und aus den verschiedensten Kulturen liegen uns heute Schilderungen von Jenseits-Erfahrungen vor, die in wesentlichen Zügen mit Platons Darstellung übereinstimmen; erinnert sei nur an das Ägyptische und das Tibetanische Totenbuch. In den vergangenen Jahrzehnten nun tauchen immer häufiger ähnliche Berichte von Zeitgenossen auf und wurden der Öffentlichkeit zugänglich. Sie stammen zu einem großen Teil von Menschen, die, anders als die Verfasser der frühen Zeugnisse, nicht von einem ausgesprochen religiösen Leben geprägt waren. Ihr Entstehen und ihre Veröffentlichung hängen einerseits mit der Entwicklung der Intensiv-Medizin zusammen, andererseits mit der breiten internationalen Leserschaft, die insbesondere das 1975 erschienene Buch *Life after Life* (deutsch: *Leben nach dem Tod)* von Raymond Moody gefunden hat.[1]

Den Anstoß zu dieser Arbeit gab 1965 die Begegnung Moodys mit George Ritchie. Ritchie, der 22 Jahre zuvor für tot erklärt worden war, erzählte bis in Einzelheiten hinein von einer anderen Welt, in der er sich damals neun Minuten lang befunden hatte. Die anschauliche Klarheit und der unerhört imaginative Inhalt von Ritchies Erzählung stellten den Philosophen Moody vor eine Frage, mit der er seitdem hart zu ringen hatte.

1969 promovierte Moody und wurde Professor für Philosophie an einer Universität in North Carolina. Nach einer Vorlesung, in der über Platons *Phaidon* gesprochen worden war, trat ein Student auf Moody zu, der sich für Platons Auffassung von der Unsterblichkeit der Seele besonders interessierte, und bat ihn, auch diesen Aspekt des Dialogs in der folgenden Stunde zu behandeln. Es stellte sich heraus, daß die Großmutter des Studenten, nachdem sie eine schwere Operation überstanden hatte, diesem von ihrer Erfahrung der Unsterblichkeit berichtet hatte. Einige charakteristische Züge ihrer Beschreibung riefen in Moody die Erinnerung an George Ritchies Erzählung wach. Er war gefesselt, kam der Bitte des Studenten nach und stellte im Laufe der Jahre fest, daß in fast jeder Gruppe von dreißig Studenten etwa einer zu ihm kam, der ähnliche Erlebnisse durchgemacht hatte wie Ritchie.

Moody ahnte allmählich, daß die Philosophie nicht ausreichte, dieses Rätsel zu lösen. So fing er 1972 mit dem Medizinstudium an. Eine Forschungsarbeit entstand, die zu Vorträgen auf Medizinkongressen und auch in der Öffentlichkeit führte. 1975 erschien dann Moodys Buch.

Nach Moody berichten viele Menschen, die einmal in unmittelbarer Todesgefahr schwebten und überlebten, von Erfahrungen, deren Eigenart und Reihenfolge ziemlich genau festliegen. Wer sich an die Hauptzüge seiner Erfahrungen erinnern kann, erzählt laut Moody oft ungefähr das Folgende: Zuerst hört der Sterbende ein surrendes Geräusch, Klänge oder Musik und hat plötzlich den Eindruck, sich mit hoher Geschwindigkeit durch einen Tunnel zu bewegen. Darauf befindet er sich anscheinend außerhalb seines Körpers und sieht erschüttert zu, wie Ärzte ihn wiederzubeleben suchen. Nach und nach beruhigt er sich und stellt fest, daß er zwar immer noch einen Leib hat, daß jedoch dieser Leib grundsätzlich anderer Art ist als der physische Körper. Bald darauf erscheinen in Seelengestalt verstorbene Familienmitglieder und Freunde, und er begegnet einem unbeschreiblich hellen, liebevollen Licht, aus dem sich ein Lichtwesen herausformt. Diese Gestalt stellt ihm, während ein umfassendes Tableau des eigenen Lebens ihn umgibt, die Frage, was das eigene Leben bedeutet hat. Allmählich fühlt sich der Sterbende von der neuen Welt aufgenommen und erlebt ein bisher nicht gekanntes, ungeahntes Gefühl von Erleuchtung und Frieden. Er kommt sodann an eine Art Grenze, die er nicht überschreiten kann, und fühlt widerstrebend, wie er mit einem Ruck in seinen Leib zurückkehrt. Seine Erlebnisse und Begegnungen wirken jedoch weiter, er beginnt ein neues Leben, das von Frieden geprägt ist.

Moodys Anfangsarbeit stützte sich auf mehr oder weniger zufällige, anekdotenhafte Berichte, und so hoffte er, daß systematischere Arbeiten folgen würden. 1980 erschien Kenneth Rings Untersuchung *Life at Death.*[2] Sie belegte in viel umfangreicherer Form die von Moody dargestellten Hauptzüge der Erlebnisse an der Todesschwelle. Nur die surrenden oder klingenden Geräusche, der Eindruck von einem zweiten, übersinnlichen Leib und die Erfahrung einer Grenze kommen seltener vor, und an die Stelle des Tunnelerlebnisses tritt eher ein solches von Leere.[3] Leider war auch die Arbeit von Ring, nach dem Urteil Carol Zaleskis, noch nicht so, daß sie strengen wissenschaftlichen Anforderungen hätte standhalten können. So warb Ring beispielsweise mit Zeitungsinseraten, und die Interviewer stellten Suggestivfragen wie: «Nahmen Sie irgendwann während Ihrer Erfahrung ein helles Licht wahr?»[4]

Nun folgte jedoch eine streng wissenschaftliche Arbeit. Michael Sabom, Kardiologe in Atlanta, war zunächst voller Skepsis gegenüber Raymond Moodys Darstellung ungeahnter Welten leibfreier Erfahrung, zugleich aber auch für eine wissenschaftliche Untersuchung des Phänomens aufgeschlossen. Mit einer Kollegin zusammen unternahm er die erste medizinische, mehr oder weniger vorurteilsfreie Untersuchung.[5] Er arbeitete nur mit Patienten, die im eigenen Krankenhaus wiederbelebt worden waren, und vermied konsequent jede Art von Suggestivfragen.

Zu seiner großen Überraschung wurden die von Moody und Ring als allgemeingültig dargestellten Wesenszüge der Erlebnisse an der Todesschwelle bestätigt. Die Abweichungen von Moodys Schilderungen waren unerheblich; und wie die von Ring befragten Menschen berichteten auch Saboms Patienten eher von einer dunklen Leere als von einem Tunnel am Anfang ihrer Erfahrungen, obwohl auch ein Korridor erwähnt wird; wie bei Ring fehlen auch deutliche Aussagen über die Grenze am Schluß der Erfahrung und über das Erlebnis des zweiten Leibes.[6]

Alle Patienten Saboms waren davon überzeugt, während ihrer Erfahrungen außerhalb ihres Körpers gewesen zu sein. Manche berichteten von Einzelheiten ihrer physischen Umgebung, manche beschrieben eine transzendente Welt, von der sie zuvor keine Ahnung gehabt hätten. Andere hinwieder erzählten zunächst von der ersteren, dann aber auch von der letzteren Erfahrung.

Eine stets wachsende Zahl von Neurologen, Psychiatern und Psychologen fanden Interesse an der Problemstellung. Und nun, zu Beginn der neunziger Jahre, wissen wir ziemlich viel über die physiologischen Vorgänge während der Todesschwellen-Erlebnisse.[7] Doch in der Interpretation der Tatsachen zeigen sich keineswegs einheitliche Ergebnisse.

Die Sachlage fasziniert: Auch nachdem Wissenschaftler aus den betreffenden Fachgebieten die verwickeltsten Beiträge geliefert haben, ist zur endgültigen Erklärung noch immer kein Diagramm, keine Formel gefunden, wie etwa für die Mechanik einer Uhr oder eine Planetenbahn. Gerade bei einem solchen Gegenstand wie dem unseren bleibt man leicht in den Meinungen stecken, die man zum Thema gehört und passiv aufgenommen hat. Wir täuschen uns, wenn wir diese Meinungen für das Ergebnis von Überlegungen halten – nicht viel mehr als ein Hersagen von aus Zeitungen und Gesprächen Entnommenem mag stattgefunden haben. Man hat in diesem wie in allem stets zu fragen, ob die Urteile, die man ausspricht, wirklich etwas anderes sind als solche Erinnerungen an Meinungen anderer, seien es die der Freunde und der Familie, sei es die letzte Mode des Bildungssystems oder eine fable convenue unserer Massenmedien.

Uns geht es darum, so eigenständig und durchdacht wie möglich zu urteilen. Was verlangt wird, ist aktives, forschendes Interesse. Wer so vorgeht, macht die Erfahrung, daß er nichts für bare Münze nehmen muß und daß er bei seiner Urteilssuche stets neue Perspektiven gewinnt. Er fühlt sich angeregt und an dem Prozeß der Entdeckung beteiligt. Gerade auf solchem Boden entstehen ja alle wirklich neuen Entdeckungen, die wissenschaftlichen wie die künstlerischen.

Viele der auf diese Weise gewonnenen Antworten werden selbstverständlich weiter revidiert oder widerlegt werden. Auch die Welt der Naturerscheinungen verändert sich fortwährend. Die Herausforderung bleibt jedoch die gleiche: Sind wir ausreichend interessiert, an dem Prozeß der Entwicklung teilzunehmen?

Um von vornherein jeden oberflächlichen Begriff von Erlebnissen an der Todesschwelle zu vermeiden, wird es gut sein, sich zunächst detailliert in die Erscheinungsformen des Phänomens zu vertiefen. Dabei stellt sich sehr schnell heraus, daß der Gegenstand selbst keine einfache, schnelle Begriffsbildung erlaubt. Viele physiologische und psychologische Vorgänge, die auch bei gesunden Menschen auftreten können, begleiten die tableauartigen Erinnerungsbilder, die zeitlose Ruhe und die Lichterscheinungen sowie andere Merkmale dieser Erlebnisart. Daher sollen die entsprechenden Tatsachen hier systematisch aufgeführt und so anschaulich wie möglich dargestellt werden.

Temporallappen-Epilepsie und die galvanische Sonde des kanadischen Gehirnchirurgen Wilder Penfield

Die Geschichte eines wissenschaftlichen Weges, der uns an das Rätsel der Erlebnisse an der Todesschwelle heranführt, beginnt mit einer der verblüffendsten Entdeckungen des Jahrhunderts, der Entdekkung des Gehirnchirurgen Wilder Penfield.[8]

Es war zunächst kein außergewöhnlicher Arbeitstag für Dr. Penfield, als er 1933 mit seiner galvanischen Sonde die Großhirnrinde des Schläfenlappens einer Patientin untersuchte. Er ließ die örtlich betäubte Patientin – das Gehirn hat ja fast keine Schmerzempfindung – berichten, welche geistige Funktion durch einen leichten elektrischen Reiz an dieser oder jener Stelle erregt wurde. Zu seinem größten Erstaunen erzählte ihm die Patientin, wie sie mit einem Mal mit allen Sinnen in Ereignisse der Vergangenheit zurückversetzt wurde. Man stelle sich vor, aufgrund eines leichten elektrischen Schocks erlebe man von neuem die Frühlingsfarben des Himmels an einem Tag aus der frühesten Kindheit, samt den Gerüchen der Wiese und den Geräuschen des Baches, sogar die innere Stimmung jenes längst ins Unterbewußte abgesunkenen Tages. Gerade zu einem Wiederauftauchen solcher Erinnerungen kommt es auch bei Erlebnissen an der

Todesschwelle. Und man fragt sich natürlich, ob Penfield mit seiner Sonde nicht einer Lösung unseres Problems auf der Spur ist.

Michael Sabom verneint diese Frage. Er macht darauf aufmerksam, daß zwischen diesen beiden Erlebnisarten wesentliche Unterschiede bestehen. Der Geruchs- und der Geschmackssinn beispielsweise werden während Erlebnissen in Todesnähe nicht angeregt.[9] Auch ist bemerkenswert, daß gerade diese Sinne nicht nur bei Reizungen mit der galvanischen Sonde, sondern ebenso während epileptischer Anfälle eine intensive Steigerung erfahren.

Vielleicht noch aussagekräftiger ist die Erfahrung der von Penfield untersuchten Patienten, daß ihnen die Gedanken wie von außen aufgezwungen wurden. Der Mensch erlebt also unter solchen Umständen einen Verlust des eigenen Denkwillens und damit des Bewußtseins, mit sich selbst identisch zu sein. Bei Erlebnissen an der Todesschwelle wird aber grundsätzlich nicht von Zwangsvorstellungen, sondern durchgehend von einem freien Flug der Anschauungskraft und einem heilen Bewußtsein seiner selbst gesprochen.[10]

Trotz Saboms Einwänden bleibt die Tatsache bestehen, daß das verborgene Erinnerungspanorama in beiden Fällen erregt wird, was auf irgendeine subtile Verwandtschaft zwischen den Erlebnisarten hinzuweisen scheint.

Melvin Morse ist Kinderarzt und hat als Leiter eines Forschungsteams Penfields Arbeit gründlich untersucht. Einer seiner Mitarbeiter stieß in einem verstaubten Band von Penfield aus den fünfziger Jahren auf Krankengeschichten, die für unsere Problemstellung besonders relevant sind.[11] Ein elektrischer Reiz in den Sulcus Lateralis, das heißt in den Temporallappen etwas oberhalb des rechten Ohres, veranlaßte manche Patienten Penfields, von außerkörperlichen Erfahrungen zu berichten. Ähnlich schwache Ströme der galvanischen Sonde etwas mehr seitwärts führten regelmäßig zu Visionen verstorbener Verwandter und Freunde oder selbst Gottes, manchmal auch zu Erlebnissen majestätischer Musik und tableauartiger Bilder aus der Vergangenheit.

1986 veröffentlichten Morse und seine Kollegen die Ergebnisse ihrer Arbeit in einer medizinischen Zeitschrift[12], inzwischen wurden sie von einer Gruppe von Neurologen in Chile bestätigt.[13] Beide Gruppen kamen zu dem Schluß, daß Erlebnisse an der Todesschwelle von der Aktivität der Neuronen des Sulcus Lateralis untrennbar seien.

Ist das Rätsel von Erlebnissen an der Todesschwelle damit aufgeklärt? Oder ist die Frage dadurch erst recht interessant geworden, wie Morse selber meint? In seinem Buch über Erlebnisse von Kindern an der Todesschwelle weist dieser Forscher mit Nachdruck auf Michael Saboms komatöse Patienten hin, die verblüffend exakt Einzelheiten ihrer Wiederbelebung berichten, auch Dinge, die sie selbst bei vollem Bewußtsein nicht hätten beschreiben können.[14] Geht es also bei elektrischem Schock oder bei Todesgefahr möglicherweise um eine Lockerung der Seele vom Körper, die zu außerkörperlichen beziehungsweise übersinnlichen Schauungen führt? Nach jahrzehntelanger Beschäftigung mit dieser Frage neigt Morse zu dieser Interpretation der vorliegenden Tatsachen. Andere, gleich erfahrene Wissenschaftler urteilen anders. Auf weitere Aspekte von Saboms Studie wollen wir im Laufe unserer Betrachtungen noch näher eingehen.

Neurophysiologische Folgen der Hypoxie

Ernst A. Rodin, ein Neurologe, der selber ein Erlebnis an der Todesschwelle hatte, sagte, dies sei einer der schönsten Augenblicke seines Lebens gewesen. Trotzdem kam er zu dem Schluß, daß aller Wahrscheinlichkeit nach ein Mangel an Sauerstoff seiner transzendentalen Erfahrung zugrunde gelegen habe. In einer Arbeit darüber legt er besonderen Wert auf die Tatsache, daß in jedem Todesfall Hypoxie die eigentliche Todesursache sei.[15] Ob das Herz zu schlagen aufhört, etwa nach einem Unfall oder im hohen Alter, ob die Lungen nicht mehr atmen, etwa nach Ertrinken oder Ersticken aus anderer Ursache – immer läuft es auf das gleiche hinaus: den Organen fehlt die Sauerstoffnahrung, um weiter funktionieren zu können. Nach wenigen Minuten ohne frische Sauerstoffzufuhr sind bestimmte Gewebe oder ganze Organe durch Wiederbeleben nicht mehr zu retten; nach weiteren Minuten ist eine Wiederbelebung überhaupt nicht mehr möglich.

Indessen bedeutet Sauerstoffmangel nicht nur die letzte Etappe auf dem Weg des Sterbens. Es soll hier zumindest erwähnt werden, daß er tief im Gehirn, im limbischen System, auch epileptische Anfälle und Halluzinationen auslösen kann, in Gehirnteilen also, die die Werkzeuge der Seelenkräfte, des Gedächtnisses, der Stimmungen und Gefühle sind.[16]

Stanislav Grof zieht ähnliche Schlüsse wie Rodin. Er macht darauf aufmerksam, daß das limbische System zu den archaischsten Teilen des Gehirns gehört und daß diese Gewebe sich am längsten ohne Sauerstoff erhalten können. Damit gehören sie auch zu den Teilen des Gehirns, die durch den Sterbeprozeß zuletzt unbrauchbar werden.[17]

Grof weist auch darauf hin, daß visionäre Bewußtseinszustände den Zustand der Hypoxie begleiten. Er gibt selbst mehrere Beispiele religiöser Praktiken, wie sie seit Jahrtausenden überall in der Welt ausgeübt werden und jeweils beide Phänomene hervorrufen.[18] Adepten hängen sich an den Füßen auf, um die Halsschlagader träge zu machen; unter den Yogatechniken gibt es Atemübungen, die abwechselnd Hyperventilation und Erstickung verursachen; durch Einatmen von Rauch haben andere Stämme religiöse Visionen gesucht. Im Nahen und Mittleren Osten hat es solche Praktiken gegeben[19], und heute weiß man, daß auch die Taufe lange Zeit dazu gehörte, indem sie ursprünglich ein vollständiges Untertauchen unter Wasser bis an die Grenze des Ertrinkens war – man denke in diesem Zusammenhang etwa an die Zisternen von Qumran. Die Mutmaßungen der Wissenschaftler gewinnen noch an Gewicht, wenn man Rudolf Steiners Beobachtung in Betracht zieht, daß in früheren Epochen die Seele eine lockere Verbindung mit dem Körper hatte und sich daher leichter von dem physischen Instrument des Bewußtseins löste.

Sind Erlebnisse an der Todesschwelle also religiöse Visionen, die durch Hypoxie ausgelöst werden? Michael Sabom ist der Ansicht, Hypoxie sei weder die Ursache noch notwendigerweise eine Begleiterscheinung von Erlebnissen an der Todesschwelle. Er beobachtete nämlich, daß der hypoxische Zustand durch geistige Verwirrung gekennzeichnet ist, während Erlebnisse an der Todesschwelle gerade von einer merkwürdig erhöhten Urteilskraft und intensivem Anschauungsvermögen geprägt sind.

Sabom beschreibt auch einen Herzkranken, der zur Zeit seines Schwellenerlebnisses kardiopulmonär wiederbelebt wurde. Es lag in diesem Fall nicht nur kein Mangel, sondern sogar ein Überschuß an Sauerstoff vor.[20] Immerhin sei hervorgehoben, daß es sich hier um einen Einzelfall handelt. Auch wurde der Sauerstofftest nicht an Blut aus dem Gehirn, sondern an solchem aus der Femoralarterie vorgenommen, so daß zu fragen bleibt, ob das Blut im abliegenden Gehirn zum Zeitpunkt des Erlebnisses in Todesnähe vielleicht doch noch hypoxisch war. So auffallend vorurteilsfrei und wissenschaftlich gründlich Saboms Arbeit sich auch darstellt, so geht doch der Verfasser mit keinem Wort auf den Hinweis von Stanislav Grof ein, daß Adepten seit Jahrtausenden Hypoxie auslösende Praktiken geübt haben, um dadurch zu religiösen Visionen zu gelangen.

Hyperkapnie

Manche Fachleute sind der Meinung, die Bewußtseinsveränderungen, welche für Erlebnisse an der Todesschwelle charakteristisch sind, könnten durch erhöhte Konzentration von Kohlendioxyd im Blut ausgelöst sein (der gesunde Kreislauf sorgt dafür, daß dieses toxische Gas stets aus dem Körper entfernt wird). Was sind die bewußtseinsverändernden Folgen bei Hyperkapnie?

L. J. Meduna beantwortete diese Frage schon in den fünfziger Jahren durch eine Studie. Seine Versuchspersonen atmeten eine Mischung von 30 Prozent Sauerstoff und 70 Prozent Kohlendioxyd ein[21] – die Luft enthält normalerweise etwa 21 Prozent Sauerstoff und nur geringste Spuren von Kohlendioxyd. Die Personen berichteten von einem hellen Licht, von augenscheinlicher Befreiung aus ihrem Körper, von Fluten von Erinnerungen, telepathischen Verbindungen zu übersinnlichen Wesen und von kosmischen, ekstatischen Gefühlen. Melvin Morse, der auf die Rolle des Sulcus Lateralis bei Erlebnissen an der Todesschwelle hinweist, glaubt, das Kohlendioxyd in Medunas Mischung veranlasse tatsächlich Erlebnisse, die gleicher Art seien wie die an der Todesschwelle.

Michael Sabom dagegen lehnt Medunas Forschungsbericht als Erklärung von Erlebnissen an der Todesschwelle entschieden ab. Er beruft sich nochmals auf den Patienten, der zur Zeit seines Todesschwellen-Erlebnisses einem Bluttest unterzogen wurde, dessen Ergebnis eben kein erhöhter Wert war.[22] Der Aussagewert dieser Beobachtung bleibt dennoch durch die Einwände begrenzt, die in der Diskussion der Hypoxie oben besprochen wurden.

Michael Sabom bemerkt aber auch, daß die Phänomene der Hyperkapnie insofern aus der Reihe fallen, als dabei regelmäßig auch von geometrischen Figuren und Mustern, bewegten Phantasievorstellungen (zum Beispiel vorbeifliegenden Musiknoten), polyoptischen visuellen Eindrücken und Zwangsvorstellungen berichtet wird. Diese Beobachtung scheint schwerwiegend zu sein, wenn man sich daran erinnert, daß Sabom auf eine ähnliche Störung des Denkvermögens und des Ich-Zusammenhanges auch bei Epilepsieanfällen und im Zustand der Hypoxie hinwies, während doch Erlebnisse an der Todesschwelle umgekehrt gerade von einem besonders intensiven Ich-Bewußtsein und einer besonders klaren Kraft des Denkens geprägt sind.

Halluzinogene

Michael Sabom bezieht in seine Erwägungen mit ein, daß manche seiner Patienten unter dem Einfluß von Morphium oder anderen bewußtseinsverändernden Drogen standen, als sie ihre Erlebnisse an der Todesschwelle durchmachten. Diese Tatsache bedarf einer näheren Erörterung.

Ronald K. Siegel belegt anhand seiner Versuche über die bewußtseinsverändernde Wirkung von Cannabis die folgenden Erscheinungen: einen tunnelartigen Durchgang, unbeschreiblich helles Licht, unwillkürlich auftauchende Erinnerungsbilder aus der fernen Vergangenheit, Autoskopie (Schauen des Körpers von oben oder von der Seite) und das Gefühl, daß diese Erfahrung wirklicher als die sonstigen Erfahrungen sei.[23]

Sabom findet die Ähnlichkeit mit Erlebnissen an der Todesschwelle interessant, sieht darin jedoch keine Erklärung für letztere. Halluzinogene bewirken stets Verzerrungen der Wahrnehmungsbilder; eine Uhr, bemerkt Sabom, werde beispielsweise zu einer tickenden Bombe. Bei Erlebnissen in Todesnähe dagegen wird ausnahmslos von wirklichkeitsgetreuen Wahrnehmungen der Umgebung berichtet.[24] Weiterhin macht Sabom auf den Identitätsverlust aufmerksam, den Halluzinogene verursachen, während Personen, die Erlebnisse an der Todesschwelle haben, stets von einem gesunden, ungetrübten Zustand ihres Ich-Bewußtseins erzählen. Es ist dies vielleicht das Hauptkennzeichen dieser Erlebnisart und unterscheidet sie am entschiedensten von so vielen pathologischen Zuständen.[25]

Die Suche nach einer allgemeinen physiologischen Grundlage der Erlebnisse an der Todesschwelle

Man wird sich fragen müssen, wie signifikant die bisher dargestellten Unterschiede und Ähnlichkeiten zwischen Erlebnissen an der Todesschwelle und den anderen oben erörterten Erlebnisarten sind. Deuten die merkwürdigen Ähnlichkeiten nicht immer noch auf eine tieferliegende, bisher nicht aufgedeckte allgemeine physiologische oder chemische Grundlage?

Stanislav Grof spricht von Laborergebnissen, die darauf hinweisen, daß das aus dem Mutterkorn abgeleitete Rauschgift Lysergsäurediäthylamid (LSD) enzymatisch, das heißt im Bereich des Stoffwechsels der einzelnen Körperzellen, die Aufnahme von Sauerstoff beeinträchtigt.[26] Siegel kommt zu dem Schluß, alle Versuche deuteten darauf hin, daß allgemein den halluzinatorischen Phänomenen bestimmte Veränderungen in den Funktionen des Zentralnervensystems zugrunde lägen.[27] Auch Meduna war aufgrund der Tatsache, daß die veränderten Wahrnehmungen seiner hyperkapnischen Versuchspersonen doch einem allgemeinen Muster folgen, zu dem Ergebnis gekommen, daß irgendwelche grundlegenden Nervenfunktionen mit im Spiel sein müßten.[28]

Mit einer allgemeinen Sauerstoffentzugstheorie, wie sie Meduna und Siegel vertreten, ist aber recht wenig gewonnen. Denn obwohl man anhand einer Probe von Medunas Gasmischung auch die Ergebnisse einer Probe mit LSD bei der gleichen Versuchsperson ziemlich genau voraussagen kann, regt doch die Meduna-Mischung den Sauerstoff-Stoffwechsel an, statt ihn zu verhindern.

Eine Erkenntnis der Neurophysiologie, die noch relevant sein könnte, betrifft die Neuronen, die im gesunden Organismus moduliert beziehungsweise so lange zurückgehalten werden, bis sie benötigt werden, dann aber unter Umständen in gewaltigem Umfang «abgefeuert» werden. An der Todesschwelle könnten vielleicht massenhafte unwillkürliche Feuerungen nicht mehr unterdrückt werden. Elektrische Stürme, ähnlich denjenigen, die epileptischen Anfällen vorangehen, könnten zu gesetzmäßig bestimmten Halluzinationen führen. Die von Morse und anderen entdeckte Tatsache, daß Vorstellungen außerkörperlicher Erfahrung von feinen elektrischen Strömen im Sulcus Lateralis begleitet werden, widerspricht dieser These sicher nicht. Die Frage bleibt offen, ob die These stimmt, daß der Sulcus Lateralis auf den Sterbeprozeß gleich reagiert wie auf die Sonde Penfields. Bevor aber auf den erkenntnistheoretischen Stellenwert einer möglichen künftigen Bestätigung dieser These eingegangen wird, sollen an dieser Stelle noch die letzten physikalischen Tatsachen erörtert werden, die für den Stand der gegenwärtigen medizinischen Forschung wichtig sind. Es gibt ja noch weitere Tatbestände, die gegen eine allgemeine physiologische Erklärung von Todesschwellen-Erlebnissen sprechen. Denn solche Erlebnisse kommen auch bei Menschen vor, die sich weder in Todesnähe noch unter

Penfields galvanischer Sonde befinden. Bloße Angst kann ausreichen, um Hauptelemente der von Moody ausgearbeiteten Todesschwellen-Phänomenologie spontan auftreten zu lassen.

Biochemie der Gefühle

Russell Noyes und Roy Kletti stellten fest, daß bloße Todesangst das Schwellenerlebnis-Tableau hervorrufen kann.[29] Gesteigerte Aufmerksamkeit, verstärktes Seh- und Hörvermögen, besonders lebhafte, plötzlich auftauchende und sich rasch wieder verflüchtigende Gedanken und Schmerzfreiheit kennzeichnen nach Noyes und Kletti das Anfangsstadium solcher Erlebnisse.

Auch ganz gesunde Menschen können also in extremen Ausnahmesituationen und innerhalb weniger Sekunden Erlebnisse durchmachen, die denen an der Todesschwelle gleichen. Dieser Aspekt des Rätsels ließ den Neurophysiologen Daniel Carr fragen, in welcher Wechselbeziehung physiologische Vorgänge und Gefühle wie Angst oder Schrecken zueinander stehen. Er meint, daß opiatische Peptide wie Endorphine und Enkephaline dabei eine wichtige Rolle spielen könnten, denn diese morphinähnlichen chemischen Substanzen werden bei starkem Streß und auch in Todesgefahr reichlich abgesondert. Könnte die Absonderung solcher opiatischen Peptide vielleicht Erlebnisse an der Todesschwelle verursachen?

Michael Sabom macht deutlich, daß die These von Carr und Kletti lückenhaft ist.[30] Die Forschung zeigt zum Beispiel, daß B-Endorphine Schmerzen für Zeitspannen lindern, die erheblich länger sind als die wenigen Minuten, die bei Erlebnissen an der Todesschwelle in Frage kommen. Während letzterer bleibt der Schmerz nur für die wenigen Minuten der Schwellenerfahrung aus. Sabom betont auch, daß Endorphine regelmäßig einschläfern, während bei Erlebnissen in Todesnähe stets von einem erhöhten Wachzustand berichtet wird, ein Merkmal, das diese Erlebnisart von allen anderen bisher dargestellten Zuständen deutlich unterscheidet.

Doch kann auch Sabom nicht erklären, warum so etwas wie das merkwürdige panoramaartige Lebenstableau, wie es bei Todeserfahrungen auftritt, auch in den Fällen erscheint, wo das Ich-Bewußtsein herabgedämpft ist. Es bleibt immer noch denkbar, daß dieses gemeinsame Merkmal auf etwas Bedeutungsvolleres hinweist und auch die Unterschiede weiter im Blick behalten werden müssen.

Die Grenze des Meßbaren: Naturwissenschaft und Erkenntnistheorie

Von der physiologischen Seite her legen die Arbeiten von Penfield und Morse immer noch die Frage nahe, ob nicht eine breite Skala von Zuständen, einschließlich der Angst, den Sulcus Lateralis reizen und damit Erlebnisse an der Todesschwelle auslösen könnte. Sollte das stimmen, dann wäre die Frage noch präziser zu stellen: Sind Erlebnisse an der Todesschwelle Folgen ortsspezifischer elektrischer Reize im Gehirn oder sind sie leibfreie Erlebnisse, die erst durch Ausschalten der normalen Funktion des Sulcus Lateralis ermöglicht werden? So formuliert letzten Endes Melvin Morse die Frage.

Welche erkenntnistheoretischen Folgen hätte es denn, wenn eine künftige Forschung entdecken würde, daß Erlebnisse an der Todesschwelle stets von den gleichen Aktivitäten begleitet werden, die bei der Anwendung von Penfields Sonde auftreten? Dann wäre ja die Bedingung gefunden, nach der Carr und andere bisher vergeblich gesucht haben: ein biochemischer Zustand, der sämtliche Formen von Todesschwellen-Erlebnissen auslösen könnte. Selbst wenn diese These einmal bestätigt würde, bliebe doch immer noch offen, ob eine solche elektro-chemische Störung mit dem veränderten Bewußtsein gleichzusetzen ist oder ob diese Störung die Seele nur von ihrem physischen Instrument löst und für eine neue Art der Wahrnehmung freimacht.

Wir können nicht erwarten, daß jemals eine physiologische Entdeckung diese Frage entscheiden wird, da das unmittelbar erlebte

Bewußtsein nicht, wie etwa neurophysiologische Prozesse, zu einem sinnlich wahrnehmbaren Prozeß gemacht werden kann, sondern außerhalb des Bereiches des Meßbaren liegt. Unsere besten Instrumente bleiben blind und taub für den Hauptunterschied zwischen Erlebnissen an der Todesschwelle und den scheinbar verwandten pathologischen Bewußtseinsveränderungen, wie sie durch Epilepsie, Halluzinogene oder die Reizung mit der galvanischen Sonde hervorgerufen werden. Kein neurophysiologisches Registriergerät kann auch nur die schwächste Spur von dem Verlust des gesunden Ich-Bewußtseins anzeigen, den krankhafte Zustände bewirken, noch die Gegenwart des Denkwillens und des gesunden Ich-Zusammenhanges, der die Erlebnisse an der Todesschwelle kennzeichnet. Das Bewußtsein bleibt immer noch der unantastbare Stoff der Gedanken, der wir sind und durch den wir jede Erfahrung, jeden wissenschaftlichen Versuch eingeschlossen, machen.

Die mannigfaltigen Äußerungen der in der Natur waltenden Intelligenz, wir können sie durch die Naturwissenschaften immer genauer kennenlernen; eine *Begegnung* mit dieser Natur können uns die Wissenschaften nicht geben. «Ungebeten und ungewarnt nimmt sie uns in den Kreislauf ihres Tanzes auf und treibt sich mit uns fort», schrieb Goethe in seinem Aufsatz *Die Natur.* «Wir leben mitten in ihr, und sind ihr fremde. Sie spricht unaufhörlich mit uns, und verräth uns ihr Geheimniß nicht.» Goethes Aussage ist – auch – eine pointierte Beschreibung des erkenntnistheoretischen Werts der Naturwissenschaften, zu denen er selber zahlreiche, nicht unwesentliche Beiträge geleistet hat.

Außerkörperliche Erfahrung

Melvin Morse kommt zu dem Schluß, das menschliche Wesen müsse seelisch-geistiger Art sein und der Sulcus Lateralis habe nur die Aufgabe, der Seele einen Ankergrund im Körper zu bieten. Wenn er recht hat, müssen alle neurophysiologischen Vorgänge in differenzierter Weise Instrument des Geistes sein. Dementsprechend wären die verschiedenen physiologischen Zustände, wie sie bisher hier erläutert wurden, körperbezogene Offenbarungen von Wandlungen des Bewußtseins.

Morse stützt sich auf eine verblüffende Beobachtung, die gegen jegliche allgemeine physiologische oder psychologische Erklärung der Erlebnisse an der Todesschwelle spricht. Manche Überlebende berichten aufs genaueste von dem Tun und Treiben, das sich während ihres komatösen Zustandes um sie herum abspielte, insbesondere von Einzelheiten ihrer Wiederbelebung. Michael Sabom macht darauf aufmerksam, daß manche offensichtlich auch Dinge wahrnehmen, die sie bei gewöhnlichem Bewußtsein nicht hätten mitbekommen können.[31] Ein Beispiel ist der Mann, von dessen gegen die Hypoxie- und Hyperkapnie-These sprechendem Bluttest oben die Rede war. Dieser Mann, zur Zeit seiner Wiederbelebung komatös, beschrieb nachträglich völlig richtig die Bewegungen des Skalenzeigers auf dem Wiederbelebungsapparat.[32] Ein anderer erkannte drei Verwandte, die sich außerhalb seines Blickfelds befunden hatten.[33] Raymond Moody belegt ähnliche Fälle. Er erzählt zum Beispiel von zwei schwerkranken Geschwistern, die auf verschiedenen Stationen des gleichen Krankenhauses lagen. Der Bruder sah sich in einer Ecke seines Zimmers schweben, wo er seiner Schwester in gleicher Gestalt begegnete. Sie sagte ihm, er werde weiterleben, sie jedoch nicht, und nahm Abschied von ihm. Er kam zu sich und teilte den Umstehenden mit, seine Schwester sei gerade gestorben – was auch stimmte.[34]

Solche Fälle lassen sich offensichtlich nicht etwa durch Träume des hypnagogischen Schlafes (unseres Bewußtseinszustandes beim Einschlafen) erklären, denn man hat selbstverständlich keine visuellen Wahrnehmungen der Außenwelt, wenn die Augen geschlossen sind.

Da der Hörsinn noch bis an die Grenze von Ohnmacht und Tod arbeitet, bleibt noch zu fragen, ob etwa im halbbewußten Zustand Gespräche in so akkurate Bilder umgesetzt werden können. Michael Sabom antwortet auch auf diese Frage mit nein. Er beruft sich dabei auf Forschungsergebnisse über hypnotische Regression, aus denen hervorgeht, daß Sprache grundsätzlich nicht in Bilder übersetzt wird. Außerdem bleibt man im halbbewußten Zustand noch schmerzempfindlich, nicht aber während Erlebnissen in Todesnähe. Sabom berichtet von Patienten, die zwischen erlauschten Gesprächen und der Bilderwelt ihrer Seelenreisen deutlich unterscheiden.[35] Physiologische und psychologische Erklärungen der außerkörperlichen Bild-Erlebnisse scheinen also hier in einer Mathematik des Zufalls stekkenzubleiben.

Auf Wilder Penfields Entdeckungen und Beobachtungen sind wir von verschiedenen Gesichtspunkten aus eingegangen, und wir wollen ihn abschließend zur Stellung der Naturwissenschaft noch einmal zu Wort kommen lassen. Michael Sabom ist beeindruckt von dem lebenslangen Ringen des bekannten Neurochirurgen mit der Leib-Seele-Frage und zitiert ihn mit den Worten: «Es ist wahr, der Geist wirkt und zieht sich zurück mit den höchst entwickelten Funktionen des Gehirns. Doch ist der Geist auch Energie. Die Gestalt dieser Energie ist etwas anderes als das Nervenpotential, das entlang den Nervenfasern geleitet wird. Dabei muß ich es bewenden lassen.»[36] Den gleichen Widerhall finden bei Sabom die Worte Albert Einsteins, daß einer, der «sich ernsthaft mit wissenschaftlichen Fragen befaßt, zur Überzeugung kommt, daß sich durch die Gesetze des Universums ein Geistiges aufs mannigfaltigste kundtut».[37]

Sabom schließt sein Buch mit dem Geständnis, daß Leben und Sterben der Menschen, die er während ihres Kämpfens im Krankenhaus betreute und kennenlernte, sein Gemüt zutiefst bewegten und in ihm Bescheidenheit und eine erneute Gabe des Staunens vor dem Geheimnis des menschlichen Daseins weckten.[38]

Die Geisteswissenschaft Rudolf Steiners und die Begriffe des Äther- oder Lebensleibes und des Astralleibes

Sind wir am Ende dessen, was wir Zutreffendes über Erlebnisse an der Todesschwelle sagen können? Wir sind es nicht. Rudolf Steiner weist wie Sabom, Penfield und Einstein darauf hin, daß man, wenn man die belebte Natur nur gründlich genug beobachtet und erforscht, notwendigerweise zu dem Schluß kommt, daß etwas Unsichtbares in und hinter allen organischen Naturerscheinungen webt und waltet.

Man mag diese wirkende Kraft, die jedes Lebewesen bis in seine Zellen hinein belebt und gestaltet, nennen, wie man will. Rudolf Steiner beschreibt sie ausführlich, und seine Beobachtungen verdienen ganze Aufmerksamkeit. Er betont, daß unsere heutige an den Erscheinungen der Sinneswelt gebildete Sprache nicht gut geeignet ist, die Erscheinungsformen der nicht-sinnlichen Welt auszusprechen, daß sie aber doch andeutungsweise verwendet werden kann. Er nennt diesen Baumeister, der in allen lebendigen Gestalten wirkt, den *Lebens-* oder *Bildekräfteleib*, auch den *Ätherleib*. Mit der Bezeichnung «Leib» deutet er an, daß man zu der eigenen ätherischen Gestalt gewissermaßen noch eine «äußerliche» Beziehung hat. Im Pflanzenreich ist diese Kraft den Prinzipien des Wachstums und der Fortpflanzung gewidmet; im Menschen erfährt sie insofern eine Steigerung und Verwandlung, als sie die Grundlage abgibt für Gedächtnis und Denken. Im Laufe der Entwicklung wird dieses Gewebe von Erinnerungen und Urteilen zur Grundlage von Gewohnheiten, Temperament und Charakter.

Zu Körper oder sinnlich wahrnehmbarem Leib und Lebensleib kommt nach Rudolf Steiner als drittes Glied der *Empfindungs-* oder *Astralleib* hinzu. Er entfaltet seine Tätigkeit überall, wo Nerven sind – zunächst also im Tierreich, dann auch im Menschen – so wie der Ätherleib seine Tätigkeit in der Sinneswelt durch lebendige Zellen und Lebensprozesse offenbart. Der Selbstbeobachtung wird der menschliche Astralleib in seinen Wirkungen erlebbar als das Auf- und Abwogen aller Empfindungen und Gefühle, die das wache Tagesleben begleiten.

Während der Ätherleib sich das Leben lang mehr oder weniger mit dem Körper deckt, befreit sich der Astralleib zusammen mit der Individualität des Menschen nachts vom Körper, teilweise beim Träumen und vollständig im Tiefschlaf.

Es ist Rudolf Steiners beträchtliche Leistung, diese übersinnliche Organisation des Menschen aus eigener Beobachtung heraus in einer geistes-wissenschaftlichen, dem modernen Menschen verstehbaren Sprache dargestellt zu haben. Die Tatsache der übersinnlichen Leiber selbst ist jedoch mindestens seit Beginn der Hindu-Zivilisation bekannt und durch mannigfaltige Zeugnisse belegt. Yogis sprechen seit Jahrtausenden vom Körper (*annamaya kosha*) und seinem übersinnlichen Ebenbild, dem Lebensleib (*pranamaya kosha*) und ebenso von einem Astralleib (*sukshma sharira*), der seine irdischen Fesseln erst beim Tode ablegt. Auf eine solche übersinnliche Menschengestalt scheint auch Michael Sabom in seinen Darstellungen außerkörperlicher Erfahrungen hinzuweisen.

Der Ätherleib befreit sich nach Rudolf Steiners Beobachtung bei *Todesgefahr* teilweise durch vorübergehende Lockerung, im *Todesfall* vollständig und endgültig von seinem Dienst am physischen Leib. In beiden Fällen tritt der gelockerte Lebensleib als ein Tableau sämtlicher Erinnerungen und Geschehnisse des verflossenen Lebens auf.[39]

Rudolf Steiner geht auf das Phänomen der Todesschwellen-Erlebnisse an einer Stelle im dritten Kapitel – «Schlaf und Tod» – seiner *Geheimwissenschaft im Umriß* ein. Er erwähnt den Fall, den Moritz Benedikt, ein zu seiner Zeit bekannter Anthropologe und Kriminologe, in seinen Lebenserinnerungen erzählt. Als Benedikt einmal dem Ertrinken nahe war, war es ihm, als überschaue er in tableauartigen Bildern mit einem Mal alles, was er bisher im Leben erfahren hatte. Rudolf Steiner weist darauf hin, daß Benedikt das Tableau deshalb erleben konnte, weil sein Ätherleib, das Gewebe seiner Erinnerungen, von der bewußtseinshemmenden Wirkung des Körpers befreit war, zugleich aber vom Astralleib, dem Licht des Bewußtseins, durchzogen blieb.

Interessanterweise betont Rudolf Steiner dabei, daß das Aufleuchten des Lebenstableaus nur dann erfolgt, wenn der ganze Ätherleib, einschließlich des Äthergehirns, gelockert wird, und zwar nicht etwa, weil nur das Äthergehirn sämtliche Erinnerungen tragen würde – das gilt für alle Teile des Ätherleibes –, sondern weil gerade die Bindung des Ätherleibes an das physische Gehirn die ätherische Erinnerung zurückdrängt.[40] Diese Schilderung steht mit seiner weiteren Beobachtung in Einklang, daß, obwohl bei einem eingeschlafenen Arm oder Bein für den hellseherischen Blick ein Teil des Ätherleibes «heraushängt», dadurch dennoch keine Veränderung des Bewußtseinszustandes verursacht wird.[41]

Eine weitere Beobachtung Rudolf Steiners ist in diesem Zusammenhang von Bedeutung. Er weist darauf hin, daß sich die Bindung des Ätherleibes viel stärker im Kopf- als im Brustbereich und am schwächsten in Bauch, Armen und Beinen geltend macht.[42] Daher sieht der ätherische Kopf dem physischen Kopf recht ähnlich, während für den hellseherischen Blick die anderen ätherischen Glieder verschwommener, wolkenartiger erscheinen. Diese Schilderung macht verständlich, daß es die Bindung des Ätherleibes an das physische Gehirn ist, was das Schauen der ätherischen Bilder zurückdrängt.

Rudolf Steiner betont, daß es, um solche Beobachtungen zu machen, zwar des leibfreien Zustandes bedarf, daß aber zu einem Begreifen dieser Beobachtungen nur vorurteilsloses Interesse für die Schilderungen des leibfreien Blicks nötig ist.[43] Der unvoreingenommene Verstand kann sehr wohl etwas mit diesen Beobachtungen anfangen. – Zusammenfassend kann man sagen: Rudolf Steiners Beschreibungen der Verhältnisse zwischen der Körpergestalt und der Gestalt des Ätherleibes stimmen mit seiner Charakterisierung des aus seiner physischen Entsprechung gelösten Äthergehirns überein, wonach es zu einem Eingriff in die feste Bindung der ätherischen und physischen Glieder kommen muß, wenn das Lebenstableau sich ausbreiten soll. Erst in der Lockerung des Ätherleibes im Gehirn wird der Hebel gefunden, der den Lebensleib von seinem Dienst am physischen Körper befreit. Dieses selbe Gesetz gilt auch für die individuelle Entwicklung: Sobald die unsichtbare Kraft des Lebens nicht mehr in ihrem vollen Umfang zum Aufbau der Organe benötigt wird – was um das siebte Lebensjahr herum eintritt –, wird sie frei und in ihrer feineren Form erlebt: in der Steigerung des Biologischen ins Biographische, in der Steigerung der harmonisch gegliederten und geregelten Lebensprozesse in das Bildekräftegewebe der menschlichen Erinnerungen und Begriffe.

Steiners Beobachtungen widersprechen in keiner Weise den Ergebnissen der wissenschaftlichen Forschung, wie sie bisher hier dargestellt wurden; vielmehr ergänzen sie sich gegenseitig. Aus der Perspektive der Geisteswissenschaft trägt jeder Wissenschaftler, auf den wir zu sprechen gekommen sind, etwas Bedeutungsvolles zur Erkenntnis der Phänomene bei. Ob Herzstillstand, Ertrinken oder Ersticken, ob elektrischer Schock oder sogar Todesangst – in all diesen Fällen ist es durchaus denkbar, daß es zu einer vorübergehenden Lockerung des von Rudolf Steiner beschriebenen Ätherleibes kommt.

Unsere bisherigen Betrachtungen haben selbstverständlich auch erkenntnistheoretische Folgen. Die Geisteswissenschaft leugnet keineswegs die Tatsache, daß physische Prozesse die Form des Bewußtseins bestimmten können; die Wirkung von Halluzinogenen beispielsweise macht das ganz klar. Aber auch das Umgekehrte gilt, daß nämlich das Bewußtsein auf die Physis wirkt; ein klares Beispiel dafür ist die Tatsache, daß bloße Angst chemische Veränderungen im Gehirn verursachen kann.

Wir wissen zum Beispiel auch, daß etwas äußerst Interessantes zu beobachten ist, wenn ein Musiker und ein Nicht-Musiker beim Hören einer Bach-Sonate elektro-enzephalographisch getestet werden. Der Musiker erfaßt und genießt beispielsweise die Beziehung der Melodie zum Kontrapunkt, während der Nicht-Musiker seine Aufmerksamkeit hauptsächlich auf die Melodie richtet. Das elektroenzephalographische Bild des Nicht-Musikers ist um etliches weniger umfangreich und detailliert. Würde man die weitverbreitete reduktionistische Frageweise auf dieses Beispiel anwenden, dann müßte man fragen, warum die elektro-chemischen Reize nur im Gehirn des Musikers seine Aufmerksamkeit gerade auf den Kontrapunkt lenken.

All unsere bisherigen Beobachtungen lassen vermuten, daß die allerersten Erlebnisse an der Todesschwelle in den ersten Sekunden hauptsächlich durch physiologische Veränderungen ausgelöst werden. Es ist zum Beispiel wahrscheinlich, daß die summenden Geräusche, wie sie am Anfang auftreten, einer Aktivität im Gyrus Heschel, einer bestimmten Gehirnwindung, zuzuschreiben sind[44], die Vorstellung des Tunnels in ähnlicher Weise Vorgängen in der Retina.[45]

Vor eine andere Frage stellt uns die Aktivität des Sulcus Lateralis, die nach Penfields Arbeit mit außerkörperlichen Erfahrungen, Visionen verstorbener Verwandten und Freunde oder Gottes, majestätischer Musik und tableauartigen Bildern aus der Vergangenheit verbunden ist. Schon indem der eigene Körper von oben oder von der Seite her erblickt wird, werden die Grenzen des Meßbaren überschritten. Ein Beispiel aus Saboms Forschungsarbeit veranschaulicht das Fließende dieser Tatbestände. Seine Beobachtungen weisen darauf hin, daß das Bewußtsein bei Erlebnissen an der Todesschwelle von den Körperfunktionen so unabhängig ist, daß die Umgebung akkurat erforscht werden kann, daß es aber nicht unabhängig genug ist, der trübenden Wirkung von während des Schwellenerlebnisses eingespritzten chemischen Substanzen zu entgehen.[46]

Manche Todesschwellen-Erlebnisse scheinen also die Wirkung spezifischer physiologischer Vorgänge zu sein, andere dagegen nicht; und wiederum andere scheinen nur auf bestimmte Fälle zuzutreffen.

Zweiter Teil
George Ritchies Erlebnisse an der Todesschwelle

Die Begegnung mit dem Christus

Wir sind zu einer Anschauung des Ätherischen und seiner Verwandlung gelangt und haben festgestellt, daß sie den Tatsachen der naturwissenschaftlichen Forschung und der allgemeinen Erfahrung entspricht. Auf dieser Grundlage ist es möglich, auf ein spezifisches individuelles Schwellenerlebnis näher einzugehen und zu prüfen, wie die Geisteswissenschaft Rudolf Steiners einen ganz konkreten Fall näher zu erhellen vermag. Der «Fall George Ritchie», der zum Anlaß der öffentlichen Beschäftigung mit Erlebnissen an der Todesschwelle in den letzten zwei Jahrzehnten wurde, eignet sich zu diesem Zweck.

Der amerikanische Arzt George G. Ritchie berichtet in seinem Buch *Rückkehr von morgen* von einem Erlebnis in Todesnähe, das er als zwanzigjähriger Rekrut machte.[47] Damals erkrankte er an Lungenentzündung, wurde für tot erklärt und durch besondere Umstände wieder ins Leben geholt. Nach seiner Genesung erzählte er von einer Begegnung mit dem Christus, durch die ihm der Logos zu einem lebendigen persönlichen Erlebnis wurde. Daran ist sein Leben verwandelt worden. Für George Ritchie beginnt erst in der Begegnung mit dem Christus das wahrhafte geistige Leben.

Wir können uns alle an Ereignisse und Begegnungen in unserem Leben erinnern, die für den Pfad, auf dem wir uns heute befinden, entscheidend gewesen sind. 1943 war das Jahr der Entscheidung für George Gordon Ritchie.

Ritchie war also damals ein zwanzigjähriger Rekrut. Sein Vater verfügte durch seinen Dienst bei der Eisenbahn über Sachkenntnisse in der Bedienung von Dampfmaschinen und war, obwohl nicht mehr wehrpflichtig, zur Kriegszeit Aufseher von Kohlekraftwerken im militärischen Bereich. Als der Tag der Invasion nahte, sollte er mit zu denen gehören, die in Europa für die Vorratshaltung von Brennmaterialien zuständig sein würden. George hatte gerade die

Zulassung zu einer der angesehensten medizinischen Hochschulen im Süden, dem Medical College von Virginia in Richmond, erhalten. Statt sich aber immatrikulieren zu lassen, meldete er sich freiwillig bei der Armee, um dem militärischen Bedarf an medizinischen Hilfskräften abzuhelfen. So befand er sich schnell in Barkeley, einem abgelegenen Ausbildungslager in der Wüste von Texas.

Ende November, fast zum Schluß seines Trainings, wurde er unerwartet vor ein Regimentsgremium gerufen. Die Offiziere hatten bestimmt, daß George Ritchie Arzt werden und sein Medizinstudium sofort aufnehmen sollte. Die nötigen Vorbereitungen dazu sollten in den nächsten Wochen getroffen werden, und er sollte mit dem Zug von Abilene/Texas nach Richmond zurückfahren. Aber das Schicksal wollte es anders.

Viele Rekruten erkrankten in jenem außergewöhnlich kalten Winter an Lungenentzündung, und nicht wenige starben daran. Auch George Ritchie litt an einer Infektion der Atemwege, so daß ihm eine Woche stationärer Erholung verordnet wurde. Er war noch leicht krank am Morgen des 19. Dezember, als er in der Vorfreude auf die Zugfahrt aufstand. Am 20. sollte er um halb vier Uhr in der Frühe von einem Autofahrer abgeholt und nach Abilene gebracht werden.

Um sein Glück zu feiern, begleitete ihn am Abend dieses 19. Dezember ein Freund ins Kino. Die beiden kehrten wegen Georges Plänen zeitig zurück. Als George zu Bett ging, fühlte er wohl, daß er wieder Fieber haben könnte, wollte aber keinem Arzt Anlaß geben, ihn an dem wichtigsten Schritt seines Lebens zu hindern. Am 22. würden die Immatrikulationstische aufgestellt, und wenn er nicht rechtzeitig da wäre, stünde gerne ein anderer an seiner Stelle Schlange. Eine Erkältung durfte der größten Hoffnung seines Lebens kein Ende machen.

Um Mitternacht weckte ihn ein Hustenanfall. Er benutzte immer wieder den Spucknapf, döste schweißgebadet auch wieder ein. Schließlich, als es fast Zeit zum Aufstehen war, machte er Licht und sah, daß der Spucknapf voll mit hellrotem Blut war. Der Quecksilberstreifen des Thermometers zeigte 41 Grad. Jetzt gab er nach; es wurde ihm klar, daß die Lage ernst war. Der herbeigerufene Arzt erkannte sofort, daß sich Georges Atemwegsinfektion zu einer lebensgefährlichen Lungenentzündung ausgewachsen hatte.

Zwanzig Minuten vor der Ankunft des Jeepfahrers, der ihn nach Abilene hätte bringen sollen, wurde George Ritchie statt dessen von einem Krankenwagen abgeholt. Bald danach befand er sich in einem Raum voller Maschinen, und eine Gestalt in weißem Kittel fragte ihn, ob er noch stehen könne. Die letzten Worte, an die er sich im gewöhnlichen Bewußtseinszustand erinnerte, waren die Frage, ob er sein Kinn auf die kleine Rundung des Röntgenapparates legen könne, und die Aufforderung, eine Sekunde die Luft anzuhalten. Dann sank er ohnmächtig zusammen. Er würde seine Augen erst wieder am Heiligabend aufschlagen.

Am Morgen des 21. Dezember lag George bewußtlos im Krankenhaus. Ein junger Pfleger machte seine Runde. Als er an Georges Bett kam, fand er kein Lebenszeichen mehr; weder Atem noch Puls noch Blutdruck waren mehr zu spüren. Ein Arzt wiederholte die Tests, die Ergebnisse waren die gleichen: Null. Der Arzt sagte zum Pfleger: «Wenn Sie Ihre Runde beendet haben, machen Sie ihn bitte für das Leichenhaus fertig.»

Vier Monate zuvor war George Ritchie auf einer angesehenen Universität seines Heimatstaates zugelassen worden; er wäre mit 22 einer der Jüngsten gewesen, die jemals ein Medizinstudium an der University of Virginia abgeschlossen hätten. Doch planen die Menschen und denken, sagt George Ritchie, während allein der Schöpfer die Geschicke lenkt.

Neun Minuten, nachdem George für tot erklärt worden war, kam laut Bericht in den Krankenhausakten der Krankenpfleger zu ihm zurück. Obwohl damals, 1943, nicht wenige Soldaten in diesem Lager an Lungenentzündung starben, stellte seltsamerweise der Krankenpfleger dieses eine Mal das Urteil eines Arztes in Frage. Er schlug dem Offizier, einem examinierten Arzt, vor, dem Patienten eine Spritze Adrenalin direkt ins Herz zu geben. Der Vorschlag war nicht ernst zu nehmen, denn Adrenalin wurde damals nur verwendet, um etwa nach einem Unfall einen sonst gesunden Menschen wiederzubeleben; erkrankte Organe lassen sich so nicht mehr retten. Zu seiner eigenen Überraschung entschied sich der Arzt, dem ungebildeten Rekruten keinen Verweis zu geben, sondern gerade das zu tun, was jener ihm vorgeschlagen hatte.

George Ritchies Herz schlug wieder, zunächst schwach und unregelmäßig, nach und nach aber immer stärker und rhythmischer. George Ritchie atmete wieder und erholte sich innerhalb weniger Wochen vollständig. Nachdem der Vorgesetzte des erstaunten Arztes die Unterlagen geprüft hatte, meinte er zu dieser Wiederbelebung, das sei der erstaunlichste medizinische Fall, den er je erlebt habe. Und noch Jahre später schrieb er, daß diese Rückkehr von der Pforte des Todes zu kräftiger Gesundheit anders als auf natürliche Weise erklärt werden müsse. Mit anderen Worten: daß sie nicht aus dem Krankheitsverlauf selbst begreiflich sei.

Die neun Minuten

Es soll an dieser Stelle von den Erfahrungen George Ritchies berichtet werden, die er in den ungefähr neun Minuten, da er dem Tode nahe war, machte. Zugleich sollen diese Erfahrungen aus geisteswissenschaftlicher Sicht beleuchtet werden, um zu prüfen, ob daraus ein klares, gesetzmäßiges, erfahrungsgetreues Bild entstehen kann.

George Ritchie erzählt, wie er sich plötzlich in einem körperlosen Zustand befindet und wie er bald darauf unbegreiflicherweise durch Wände und Türen hindurchgeht. Bald stellt er auch fest, daß seine Mitmenschen durch *ihn* hindurchgehen und er ihnen ins Auge schauen muß, ohne daß er selber in ihrem Blickfeld auftaucht; sie scheinen stets nur zu sehen, was hinter ihm ist. Eine entsetzliche, eisige Einsamkeit überkommt ihn, von der er sagt, man könne sich davon mit keinen Worten und keinen Umschreibungen aus der Welt der Sinneserfahrung einen Begriff machen.

Hier kommen wir auf die von Michael Sabom aufgeworfene Frage der außerkörperlichen Erfahrung zurück und damit auf das dritte Prinzip des geisteswissenschaftlichen Menschenbildes, den Astralleib. Rudolf Steiners Erörterung dieses Phänomens scheint etwas von der Qualität der Einsamkeit George Ritchies zu evozieren. Steiner geht es um zwei verschiedene, aber miteinander verwandte Erscheinungsformen des Astralleibes. Er schildert, wie der Astralleib in seiner wahren Gestalt, imaginativ gesprochen, als eine übersinnliche Lichtquelle auch nach der Geburt in der vorgeburtlichen Welt der Sterne zurückbleibt, während nur seine Strahlen in die Gegenwart des irdischen Lebens hereindringen.[48] Die astralische Aura des verkörperten Menschen entspricht also nicht vollständig der geistig-astralischen Gesetzmäßigkeit, weil der Astralleib zwischen Geburt und Tod zu stark an den physischen Körper gekettet wird.[49] Wendet man diese Darstellung Rudolf Steiners auf George Ritchie an, so scheint es sich hier um ein Erwachen innerhalb des erdgebundenen Astralleibes zu handeln, was dazu führt, daß man die vertraute Umwelt der Sinne zwar noch wahrnimmt, jedoch für diese Welt selbst zu einem unsichtbaren Schatten geworden ist, während gleichzeitig die geistige Welt noch ganz im Dunkel liegt.

Man denkt in diesem Zusammenhang auch an die Schilderungen Robert Monroes von seinen außerkörperlichen Erfahrungen, an die schlaflosen nächtlichen Wanderungen unter dem elektrischen Licht summender Straßenlampen der öden Großstadt.[50] Ähnliche Erfahrungen deprimierten Sylvan Muldoon derartig, daß er wünschte, es gäbe gar kein Leben nach dem Tode.[51] Die Beobachtung, daß die Sinneserfahrung dem geistigen Wesen des Menschen sich einprägt und etwas von ihm für sich zurückbehält, macht die Öde solcher Berichte um so bedrückender. In solchen fahlen Farben malt auch George Ritchie seine geistigen Erlebnisse bis zu dem Augenblick, in dem der Christus ihm begegnet.

George Ritchie erzählt weiter, wie es plötzlich in dem dunklen Zimmer licht wird und bald darauf unvorstellbar hell. Rudolf Steiner schildert diesen Augenblick als den Eintritt in die geistige Welt. Bei der Erleuchtung oder Einweihung im Leben, sonst erst nach dem Tode, befinde sich jeder Mensch in einem Zustand gesteigerten Bewußtseins, in einer Überfülle von Bewußtsein, die von unbeschreiblich hellem Licht geprägt werde.[52]

Die Übereinstimmung zwischen George Ritchies Bericht und Rudolf Steiners Darstellungen wird nuancenreicher. In seinem Buch beschreibt George Ritchie, wie es ihm mit einem Mal auffällt, daß es kein undifferenziertes Licht, sondern eine Menschengestalt von Licht ist, die sein Bewußtsein erfüllt. In einem Vortrag schildert er diesen Augenblick noch genauer; er beobachtete, sagt er, wie «aus diesem glänzenden Licht eine Gestalt von purem Licht heraustrat».[53] In seinem Buch schreibt er, es habe sich in diesem Augenblick in seinem Sinn das Wort «Steh auf!» geformt und gleich darauf: «Du bist in der Gegenwart des Sohnes Gottes.»[54]

Im ersten Bild seines Mysteriendramas *Die Pforte der Einweihung* läßt Rudolf Steiner eine Frau, Theodora, erzählen, wie sie schaut, was bald vielen Menschen als ein inneres Bild-Erleben zuteil werden soll:

> *Vor meinem Geiste steht ein Bild im Lichtesschein,*
> Und Worte tönen mir aus ihm;
> In Zukunftzeiten fühl' ich mich,
> Und Menschen kann ich schauen,
> Die jetzt noch nicht im Leben.
> Sie schauen auch das Bild,
> Sie hören auch die Worte,
> Sie klingen so:
> Ihr habt gelebt im Glauben,
> Ihr ward getröstet in der Hoffnung,
> Nun seid getröstet in dem Schauen,
> Nun seid erquickt durch mich...

Ein Menschenwesen
Entringt sich jenem Lichtesschein.
Es spricht zu mir:
Du sollst verkünden allen,
Die auf dich hören wollen,
Daß du geschaut,
Was Menschen noch erleben werden.
Es lebte Christus einst auf Erden,
Und dieses Lebens Folge war,
Daß er in Seelenform umschwebt
Der Menschen Werden ...
Doch nahe ist die Zukunft,
Da mit dem neuen Sehen
Begabt soll sein der Erdenmensch.
Was einst die Sinne schauten
Zu Christi Erdenzeit,
Es wird geschaut von Seelen werden,
Wenn bald die Zeit erfüllt sein wird.[55]

Man merkt schon hier, wie nahe die Schilderungen George Ritchies und Rudolf Steiners einander sind und wie mühelos sie sich gegenseitig ergänzen lassen. Wenn auch die Ausdrucksweise manchmal eine andere ist, bleibt doch die Sprache grundsätzlich die gleiche, wie sich noch in Einzelheiten zeigen wird.

Sowohl das unbeschreiblich helle, aber diffuse Licht des gesteigerten Bewußtseins als auch die Erscheinung des Christus als Licht-Mensch, der aus dem hellen Lichtkreis heraustritt, kommen ebenso in anderen Erzählungen von Erlebnissen an der Todesschwelle vor. Ein Fünfzehnjähriger, der bei einem Unfall fast gestorben wäre, berichtete ganz offensichtlich von der gleichen Erfahrung. Er erzählt, wie er plötzlich von oben Wärme spürte. Als er nach oben schaute, erblickte er ein kristallen klares Licht, heller als die Sonne. «Mitten darin war die Gestalt eines Mannes, der seine Hand mir entgegenstreckte und von dem Liebe mir zufloß. Es war die schönste Erfahrung meines Lebens, und ich wollte nicht, daß sie zu Ende ging.»[56]

Man denkt an die Erscheinung des feurigen, glänzenden Menschensohnes der Johannes-Offenbarung, inmitten der sieben goldenen Leuchter, auch an Grünewalds Darstellung des Auferstandenen in der Lichtesglorie auf dem Isenheimer Altar (Abb. 1) oder an Christus-Begegnungen von Menschen, die ganz außerhalb des Todeszusammenhanges erlebt wurden.[57]

Man fragt sich, wie es möglich ist, daß sich ein so undifferenziertes Licht in die Gestalt des Christus umbildet, und in welcher Beziehung diese übermenschliche Menschengestalt zu dem Menschenwesen steht. Sowohl für George Ritchie als auch für Rudolf Steiner gehören diese Fragen zu dem Rätsel der Bestimmung des Menschen. Rudolf Steiner sah in ihrer Beantwortung die eigentliche Aufgabe einer Anthroposophie; und auch der Verlauf von George Ritchies Erfahrung gibt vielfältigsten Aufschluß darüber.

Lichterscheinungen werden an der Todesschwelle oft – nicht immer – erlebt und manchmal als die Erscheinung eines Engels, eines Heiligen oder Gottes beschrieben. Raymond Moody, Karlis Osis und andere sind der Ansicht, daß solche Benennungen nur kulturell bedingte Projektionen seien.[58] Hier soll auf die Möglichkeit hingewiesen werden, daß diese Forscher vielleicht recht haben, solange es nur um das erste, das diffuse Licht geht, daß aber ihre Erklärung nicht mehr ausreicht, wenn es sich um die Lichtgestalt des Christus selbst handelt. Carol Zaleski betont zu Recht, daß die Grenze zwischen unmittelbarer Erfahrung und deren Deutung sich nicht leicht ziehen läßt. Zur Erläuterung weist sie auf Kenneth Rings Forschungsarbeit hin, wo eine Christus-Gestalt geschildert wird, die einen Kelch darreicht; sie argumentiert, daß, indem die Forschung Jesus und den Kelch als bloß kulturell bedingte Zusätze abgetan hat, nichts mehr zum Interpretieren übrigbleibt.[59]

Andererseits bleibt zu fragen, ob es zu einer Begegnung mit dem Christus kommen kann, wenn er nicht zuvor als Jesus erkannt worden ist, das heißt, wenn ein Mensch nicht schon im Erdenleben sich zumindest den Anfang eines Verständnisses seiner Wesenheit erworben hat.

In diesem Zusammenhang sei angemerkt, daß nur wenige der

Abb. 1: Matthias Grünewald, Isenheimer Altar

Menschen, die Erlebnisse an der Todesschwelle durchgemacht haben, das Lichtwesen als den Christus identifizierten. Kenneth Ring belegt sogar nach sechs Jahren Forschung keinen einzigen Bericht, aus dem hervorginge, daß sich das erscheinende Lichtwesen als der Christus zu erkennen gab.[59a] Die Tatsache, daß er George Ritchies Bericht gerade in diesem Zusammenhang nicht behandelt, beeinträchtigt die Aussagekraft seines Urteils kaum.

Es ist vielleicht nicht ohne Bedeutung, daß auch George Ritchie die Gestalt des auferstandenen Christus, wie er ihm als der Inbegriff von Kraft begegnet und an dessen Identität er nicht den geringsten Zweifel hat, so wenig mit dem «netten, freundlichen» Jesus seiner Sonntagsschulbücher zusammenbringen kann. Selbst Maria von Magdala, die Jesus lange kannte, hielt den auferstandenen Christus ja zunächst für den Gärtner (Joh. 20,15). Und Rudolf Steiner schildert einmal, daß der Christus dem leidbeladenen Menschen durchaus so erscheinen kann, daß dieser glaubt, es sei irgendein physischer Mensch da, der ihm Trost spendet, und erst am plötzlichen Verschwinden merkt, daß es ein übersinnliches Wesen war.[59b] Der oben erwähnte Bericht des Fünfzehnjährigen beispielsweise, wie er eine Gestalt in kristallklarem und -hellem Licht schaute, trägt die Wesenszüge einer Christusbegegnung. So verstehen wir den Christus als den Repräsentanten der Menschheit auf der ganzen Welt, in jedem Land und in jeder Sprache.

Lebenstableau und Hüter der Schwelle

George Ritchie erzählt weiter, daß sogleich, als die Lichtgestalt des Christus vor ihm steht, die Szenen seines ganzen Lebens vor seinen Augen vorbeiziehen. In einer wortlosen Gedankenübertragung zwischen ihm und dem Lichtmenschen wird ihm die Frage gestellt: «Was hast du aus deinem Leben gemacht?» Man erinnert sich, wie in Platons Erzählung von dem Soldaten Er geheimnisvolle Richter an einer Stätte zwischen Erde und Himmel die Seelen der Verstorbenen richten.

Rudolf Steiner schildet diesen Seelenvorgang noch näher. Er zeigt, wie sich nach Ablegen des Körpers das in den Äther hineingezeichnete kosmische Urbild des Menschen offenbart. Dieses Urbild, das während des Lebens als Gewissen gewirkt hat, strahlt nach dem Tode ein übersinnliches moralisches Licht aus. Wie der Körper im Leben von der Sonne sinnlich beleuchtet wird, so wird der geistige Mensch nach dem Tode von der Sonne dieses menschlichen Urbildes moralisch beleuchtet. In diesem Licht erlebt der Mensch sich selbst als unerbittlichsten Richter von allem, was er im Leben getan hat.[60]

Das Überfließen immer heller glänzenden Lichtes und die Beleuchtung des Lebenstableaus sind also Ereignisse, die nach Rudolf Steiner auch ohne die Christus-Erscheinung stattfinden. Diese Darstellung steht auch in Einklang mit Schilderungen der *Brihad-Aranyaka*, einer der ältesten religiösen Urkunden Indiens. Im Zwiegespräch mit Janaka erklärt Yajnavalkya, daß nach dem Tod der Mensch in einem übersinnlichen Leib lebt, in dem die Eindrücke der vergangenen Taten noch vorhanden sind. Diese Eindrücke machen die Erfahrungswelt des verstorbenen Menschen aus, sie werden «durch das reine Licht des Selbstes beleuchtet.»[61]

George Ritchie und andere, die von der elementaren Gewalt des Gewissens bei Todeserlebnissen berichten, zeugen auch von einem unvergleichlichen Gefühl der *Verzweiflung* angesichts dieses Lichtes. Rudolf Steiner beschreibt anschaulich etwas Bemerkenswertes bezüglich dieser Verzweiflung der Seele an der Schwelle zur geistigen Welt, indem er darauf hinweist, daß das Herannahen der geistigen Welt das Alltagsselbst existentiell bedroht; es verkündigt ihm eine Art bevorstehender Hinrichtung. Steiner bemerkt, daß Furcht vor dem Heranziehen des Hüters der geistigen Welt eine unausweichliche Tatsache der Schwellenerfahrung ist. Doch ist die Erscheinung dieses Wesens meist derart flüchtig, daß unvorbereitete Seelen sie selten wahrnehmen.[62] Er schildert weiter, daß die in Stein gehauenen majestätischen Tiergestalten an Toren, Tempeln und Grabstätten der antiken Welt Sinnbilder dieser Begegnung an der Schwelle zur nachtodlichen Welt sind (Abb. 2). Man denkt an die berühmte Sphinx zu Gizeh, Abbild des Sonnengottes Ra-Tehmu-Khepera-Herukhuti, der die umliegenden Pyramiden und Grabstätten hütet. Die Ägypter glaubten ehemals, Götter bewachten die Tore des Morgens und des Abends; die Griechen nannten die ägyptischen Hüter mit Löwenleibern und Menschenköpfen Sphingen.[63]

George Ritchie scheint also den Gefühlszustand zu schildern, den die Nähe des Hüters hervorruft, nicht jedoch Einzelheiten seiner Gestalt. Es gibt aber Berichte von Todesschwellen-Erlebnissen, in denen auch die Gestalt des Hüters selbst beschrieben wird. Häufig kommen Schreckgebilde vor, die wenig von der Majestät des von Rudolf Steiner gezeichneten Hüters an sich haben. Der oben erwähnte Fünfzehnjährige zum Beispiel, der so eindrucksvoll die liebende Wärme des Christus beschreibt, schilderte andererseits an einer früheren Stelle seiner Schwellenerfahrung auch einen angstvollen Gang durch einen dunklen Wald und die Begegnung mit einem grauenhaften, genarbten, von Schlangen umwundenen Mann.[64]

Rudolf Steiner macht eine Beobachtung, die in diesem Zusammenhang von besonderem Interesse ist. Er bezeichnet den Hüter der Schwelle als einen Erzengel, in dessen Licht der Mensch jede seiner Unvollkommenheiten genau betrachten muß.[65] Es ist, als ob der Hüter einen vor einen Spiegel stellte, in dem man die eigenen ungeläuterten Züge mit Scham wiedererkennen muß. Diese Züge des alltäglichen Selbstes ziehen, sobald man diesen Bereich betritt, von allen Seiten der geistigen Welt Wesenheiten heran, die das Alltagsselbst an der Schwelle angreifen, zerfetzen und ausstoßen, so daß nur das Höhere im Menschen hinübergeleitet wird.

Rudolf Steiner legt dieses Alltagsselbst, das man gewöhnlich durch allerlei Possen hätschelt und verteidigt, als eine nichtige Täuschung bloß. Während sich das höhere Selbst tagsüber durch die Impulse des Gewissens äußert, webt es nachts in der geistigen Welt weiter hinter dem traumlosen Schlaf.[66] In diesem Weben findet unbewußt jede Nacht die Begegnung mit dem Hüter der Schwelle statt. Bewußt erlebt der Mensch diese Begegnung erst im leibfreien Zustand, wie er durch die Einweihung oder im Tode erreicht wird.

Abb. 2: Das Löwentor zu Mykene © «bpk»

Das Richteramt des Moses und das Richteramt des Christus

Während nach den Worten Yajnavalkyas in der altindischen *Brihad-Aranyaka* bei der nachtodlichen Erleuchtung keine eindeutig persönliche Begegnung stattfindet, hat George Ritchie eine solche erlebt, was den Beobachtungen Rudolf Steiners entspricht. Dieser bemerkt, wie schon oben erwähnt, daß der Hüter der Schwelle zur geistigen Welt, dem viele nach dem Tod begegnen, zum Rang der Erzengel gehört. George Ritchie nun erkannte bei seinem Erlebnis an der Todeschwelle das Lichtwesen unbedingt und ohne jeden Zweifel als den Christus. Spricht auch Rudolf Steiner von einem Zusammenhang zwischen der Erscheinung des Christus und dem Lebenstableau? Er gibt auf diese Frage eine Antwort, die ein Geheimnis der neueren Entwicklung der Menschheit genauer veranschaulichen kann:

«Aber vor diesem Eintritt in die Läuterungszeit der Seelenwelt findet doch ein ganz spezielles Erlebnis statt ... Da erlebt der Mensch die Begegnung mit einer ganz bestimmten Wesenheit, die ihm sein karmisches Konto vorhält. Und diese Individualität, die sozusagen für die Menschen dastand wie eine Art Buchführer der karmischen Mächte, war eben für eine große Anzahl von Menschen die Gestalt des Moses ... Dieses Amt geht im Verlaufe unserer Zeit – und das ist die bedeutungsvolle Sache – über an den Christus Jesus, und der Mensch wird immer mehr und mehr dem Christus Jesus als seinem karmischen Richter begegnen.»[67]

Die erste Schwierigkeit, die diese neue Anschauung uns bietet, ist die Frage, ob Rudolf Steiner das Lebenstableau als ein Ereignis hinstellt, von dem die Erleuchtung des Gewissens und das Schicksalsurteil durch Moses oder Christus nur zwei Aspekte sind, oder ob es sich hier um zwei voneinander unabhängige Ereignisse handelt. Man vermutet, daß die beiden Ereignisse sicher gesetzmäßig verwandt sind, indem man ahnt, daß die Gesetze des Gewissens mit denen von Moses, dem Archetyp ethischer Gesetze im Westen, wesensverwandt sind. Es stellt sich auch heraus, daß dieser Schluß richtig ist.

Die Schicksalsbegegnung mit Moses oder mit Christus findet unmittelbar «vor dem Eintritt in die Läuterungszeit der Seelenwelt» statt. Rudolf Steiner charakterisiert diese Läuterungszeit der Seelenwelt auch als das Fegefeuer der katholischen Vorstellung oder als das Kamaloka der altindischen Überlieferung. Während des Aufenthalts der Seele in diesem Reich beziehungsweise Zustand löst sich der Astralleib des verflossenen Lebens allmählich auf. Während der Nacht wird dieser Vorgang schon im Leben vorbereitet, indem die Folgen der Gedanken, Gefühle und Handlungen des Tages in der geistigen Welt unbewußt vor die Seele treten. Es bedarf nur noch des leibfreien Zustandes, wie Tod oder Einweihung ihn herbeiführen, um dieses Seelengemälde bewußt aufleuchten zu lassen. Nach dem Tode verweilt daher die Seele in dieser Region etwa ein Drittel der Lebenszeit, das heißt so lange, wie der Mensch während seines Erdendaseins im Schlafe verbracht hat.

Der Kamaloka-Zeit geht nur noch das Lebenstableau voran, das die Erinnerungen an die Erfahrungen des Wachens enthält; es leuchtet so lange, wie sich der Mensch im Leben wach halten konnte, also etwa zwei bis drei Tage. Damit ist offensichtlich, daß das Richteramt des Moses oder des Christus vor Eintritt des späteren Abschnittes stattfindet, also während des Schicksalspanoramas der ersten Stunden nach dem Tode oder gleich danach.

Damit kommt man auf Rudolf Steiners Charakterisierung der Beziehung von Moses zu Christus. Wie verhalten sich beide während des Erlebnisses des Lebenstableaus zueinander, beziehungsweise worin unterscheiden sie sich? Nicht aus blindem Glauben, sondern um Zugang zu der Vorstellungswelt Rudolf Steiners zu gewinnen, wollen wir das bisher Beschriebene zunächst einmal zugrunde legen und uns sodann fragen, was wir sonst aus Überlieferung und Wissenschaft kennen, das seine Darstellung widerlegen oder bestätigen könnte. Wie deuten wir selber aus unserem eigenen Wahrheitsempfinden heraus die Zusammenhänge? Anders verfährt letzten Endes keiner; wo immer wir ein Urteil fällen, spielen neben der analytischen Kraft unseres Denkens ebenso auch unsere ästhetischen und moralischen Wertbegriffe eine Rolle – darüber ist sich auch der Autor im klaren.

Welche Rolle spielt der Christus im Werden der Menschheit? In welchem Sinne löst er Moses in seiner weltgeschichtlichen Aufgabe ab? Nach der neutestamentlichen Überlieferung wirken der Christus und Moses zusammen. So erscheint bei der Verklärung auf dem Berge Moses – zusammen mit Elias – zur Seite des verklärten Christus (Matth. 17); es ist ein geistiges Band, das ihn mit Christus verbindet. «Es ist aber leichter, daß Himmel und Erde vergehen, als daß von dem Gesetz auch nur ein Tüpfelchen falle», heißt es bei Lukas; und bei Matthäus noch ausführlicher: «Ihr sollt nicht denken, ich sei gekommen, das Gesetz oder die Propheten aufzulösen; nicht bin ich gekommen aufzulösen, sondern zu erfüllen. Denn wahrlich ich sage euch: Bis daß der Himmel und die Erde vergeht, wird nicht vergehen der kleinste Buchstabe noch ein Tüpfelchen vom Gesetz, ehe alles geschehen ist.»[68]

Die neutestamentliche Darstellung der Beziehung von Jesus zu Moses ist vielschichtig und scheinbar widersprüchlich. Denn obwohl Christus das Gesetz des Moses vertritt, bringt er doch etwas grundsätzlich anderes hinzu, was das vierte Evangelium mit den Worten andeutet: «Das Gesetz ist durch Moses gegeben, die Gnade und Wahrheit ist durch Jesus Christus geworden.»[69] Wir dürfen uns also nicht irreführen lassen, indem wir diesen Gesetzesbegriff mit dem damaligen auf Moses zurückgehenden «zivilen» Gesetzbuch verwechseln. Wer verkennt, daß Jesus nicht die äußere Gesetzgebung, sondern geistige Gesetze unvergänglich nannte, nimmt die neutestamentliche Überlieferung nicht ernst.

So macht beispielsweise Johannes im achten Kapitel seines Evangeliums ganz klar, daß Jesus sich eben nicht auf den niedergeschriebenen Gesetzeskodex berief. Er schildert da, wie die Schriftgelehrten und Pharisäer eine Frau zu Jesus bringen, die beim Ehebruch ertappt worden ist. Sie berufen sich auf das Gesetz des Moses, das verlange, daß sie gesteinigt werde. Jesus fügt sich dieser Art von Gesetz keineswegs, sondern appelliert an das Erwachen einer ganz neuen Fähigkeit in ihnen: «Wer von euch von der Sünde frei ist, der werfe als erster den Stein auf sie.» Und er schreibt mit dem Finger in die Erde. Dieser Appell an das aufkeimende Gewissen hat dann zur Folge, daß einer nach dem anderen weggeht, bis allein die Frau noch «in der Mitte» steht. – Jesus heilte auch am Sabbat, trotz der Anklagen der Gesetzeshüter. Sein Wort zu ihnen war: «Wehe euch, ihr Gesetzeslehrer! Ihr habt den Schlüssel zur Erkenntnis gestohlen. Selbst seid ihr nicht hineingekommen; und die hinein wollten, habt ihr daran gehindert.»[70]

Es geht hier also eindeutig um zwei grundverschiedene Gesetzesbegriffe, von denen nur der eine Moses und Christus wirklich verbindet; und auch bei diesem entsteht ein Widerspruch, der sich mit dem Intellekt schwerlich auflösen läßt. Auf ihn soll anhand der Darstellungen Rudolf Steiners noch näher eingegangen werden.

Die Bestimmung des Menschen

Rudolf Steiner erkannte, daß das Gesetz, das zu erfüllen der Christus gekommen ist und das er schützt, geistiger Art ist. Er schildert, wie Moses die weltgeschichtliche Aufgabe hatte, die Erinnerung an die Gesetze des Schicksals oder des Karma zu erhalten, während die Menschen den Intellekt eroberten und ihn von den göttlichen Mächten loslösten. Diese Gesetze werden jedoch erfüllt, ob der Mensch sich ihnen fügt oder nicht. Sie sind es, von denen Jesus sagt, auch nicht ein Tüpfelchen davon werde vergehen, ehe seine Aufgabe erfüllt sein werde. Die Schriftgelehrten und Pharisäer konnten nicht fassen, daß die Steinigung, die Moses gebot, eine Warnung vor den karmischen Folgen in künftigen Erdenleben war und kein Freibrief, Menschen in diesem Leben umzubringen. In diesem Sinne charakterisiert Rudolf Steiner den Christus als den künftigen Herrn des Schicksals oder des Karma der Menschheit. Schicksals- beziehungsweise Karmagesetze dürfen, trotz der wirkenden Liebe und Gnade des Christus, während der Erdenentwicklung nicht außer Kraft gesetzt werden.

Wesensverwandt mit der Anschauung Steiners ist unter anderen diejenige von Gotthold Ephraim Lessing in seiner bekannten Abhandlung über *Die Erziehung des Menschengeschlechts.* Interessanterweise ist George Ritchie, der protestantisch aufgewachsen ist, durch die Wirkung seines Erlebnisses an der Todesschwelle unmittelbar zu der gleichen Überzeugung gekommen. Wie Steiner und Lessing spricht auch er – nach seinem entscheidenden Erlebnis – von der unmittelbaren Anschauung des Gesetzes der Wiederverkörperung als der notwendigen Offenbarung der geistigen Welt innerhalb der Sinneswelt des Menschen.

Wir sind mit diesem Schritt keineswegs von unserem Thema abgekommen; wir sind vielmehr einem Verständnis von Platons Er, der Geschichte von Erlebnissen an der Todesschwelle, von der wir ausgegangen sind, nähergekommen. Wir befinden uns an der merkwürdigen Stelle, an der erzählt wird, wie Er unter einer Schar von Seelen steht, denen an der Schwelle zu einem neuen Erdenleben der «Dämon», der Genius der folgenden Verkörperung, zugesellt wird.

Es ist auffallend, daß in unserem Zeitalter Platons Lehre von der Wiederverkörperung keineswegs lächerlich wirkt, auch die Überzeugung Lessings im Grunde genommen nicht. Weniger bekannt ist Goethes Gewißheit wiederholter Erdenleben – was vielleicht auch kein Zufall ist.[71] Im 20. Jahrhundert sind wir vielleicht noch bereit, von einem Ramakrishna oder Gandhi ein Wort darüber zu hören. Aber von den Lippen eines Abendländers gefällt ein solches Wort so wenig wie Zeitungsphotos, auf denen asiatische Volksmengen in westlicher Sportkleidung zu sehen sind. Doch ist es selbstverständlich für die Wirklichkeit unerheblich, welche ihrer Tatsachen uns gefallen und welche nicht. Es kommt allein darauf an, welche wir imstande sind zu erfassen.

Rudolf Steiner sieht in den Buchstaben, die Jesus vor der Ehebrecherin in den Sand schrieb, die Äußerung der höchsten moralisch-geistigen Kraft, die die Schuld der Frau deshalb nicht tilgen kann, weil etwas von ihrem innerlichsten geistigen Wesen absterben würde, könnte sie ihre Schuld nicht künftig ablesen und in anderer Form wieder gutmachen.[72]

Die Kirche, auch wenn sie Forschung und Biographie außer acht läßt und sich nur auf die Heilige Schrift beruft, protestiert zu lautstark. Es könnte kaum eine deutlichere Aussage als die des Matthäus (11,14) zu dieser Frage geben: «Und wenn ihr es annehmen wollt: Er (Johannes der Täufer) ist Elias, der kommen soll. Wer Ohren hat, der höre!» Elias ist nach der Heiligen Schrift ganz eindeutig ein Mensch, der einmal auf der Erde gelebt hat; sein Leben wird ausführlich im ersten und zweiten Buch der Könige erzählt. Genausowenig ist Johannes der Täufer eine mythische Gestalt. Die Ablehnung der Lehre von der Wiederverkörperung gehört der politisch-theologischen Entwicklung der späteren Kirche, nicht dem Wesenskern des Neuen Testamentes an.

Origenes und andere, die die Auffassung der Mehrheit nicht teilten, gerieten entweder einfach in Vergessenheit, oder aber es wurde ein Fortleben ihrer Ideen bewußt unterdrückt. Daß dem so war, sei weder gutgeheißen noch als schlecht oder böse verurteilt. Es ist nur eine Tatsache, wie es auch eine Tatsache ist, daß die übersinnlichen Erfahrungen wie die von George Ritchie und Rudolf Steiner solche politisch-theologischen Spekulationen nicht bestätigen. Bemerkenswert ist, daß Menschen, die Erlebnisse an der Todesschwelle durchgemacht haben, besonders aufnahmefähig für die moralisch-geistigen Aspekte des Lebens werden, einem Sektierertum jedweder Art hingegen ganz abgeneigt sind.[73] Es kommt «nur» zu einer Verwandlung des Lebens, die Herz und Sinn für die Lehren des Karma und der Wiederverkörperung aufschließt.

Schicksal und Gnade

Wir haben oben erörtert, in welchem Sinne Rudolf Steiner den Christus als den Herrn des Schicksals charakterisiert und wie der Christus Jesus Moses als Richter der Seelen an der Schwelle zur Vorhölle beziehungsweise zum Fegefeuer oder Kamaloka ablöst. Diese Übergabe des Richteramtes hat zur Folge – und dabei entsteht scheinbar ein Widerspruch –, daß ein ganz neuer Einschlag stattfindet: Mit dem neuen Richter entfalten sich im Leben zugleich Gnade und unbedingte Liebe. Rudolf Steiner schildert in anderen Vorträgen weiter, wie die vom Schicksal bestimmten Leiden des Menschen davon zeugen, wie weit einer von dem Göttlichen in sich noch entfernt ist, und wie sie die Aufgabe haben, die mitgebrachten Unvollkommenheiten in Vollkommenheiten zu verwandeln, während Glück und Freude dem Menschen ohne sein Zutun als unverdiente Gnade geschenkt werden, worin die Götter sich zu ihm herabneigen und ihn zu sich ziehen.[74] Wie läßt sich diese Paradoxie zwischen der schenkenden Liebe und Gnade einerseits und der Unerbittlichkeit des Schicksalsgesetzes andererseits verstehen?

Auf ganz ähnliche Weise taucht dieses Widersprüchliche in der Erzählung von George Ritchie auf. Einerseits spricht Ritchie von der peinlichen und schmerzhaften Beleuchtung des Lebenstableaus, die sein Gewissen verursacht, andererseits aber auch von der Geborgenheit und Seligkeit, die er durch die Gnade des Christus empfängt: «Ich begriff, daß ich es war, der die Begebenheiten um uns herum so streng beurteilte. Ich war es, der sie als unwesentlich, egoistisch, bedeutungslos erkannte. Keine dieser Verurteilungen kam von der Herrlichkeit, die mich umgab. Er tadelte nicht, er warf mir nichts vor. Er – liebte mich ganz einfach.»[75]

Die Entwicklung der moralischen Urteilskraft und der Prozeß der Aufnahme der Gnade, obwohl scheinbar entgegengesetzt, sind für Rudolf Steiner Ausdrucksformen des gleichen moralischen Wesens des Universums: «Das sind zwei Dinge, die zusammengehören: wie im Osten der Christus erscheint, wie im Westen das Gewissen erwacht, um den Christus als Gewissen entgegenzunehmen. In diesem gleichzeitigen Entstehen der Tatsache des Christus-Ereignisses und des Verständnisses des Christus-Ereignisses und in der Vorbereitung dieser zwei Dinge an verschiedenen Punkten der Erde sehen wir walten eine unendliche Weisheit, die in der Entwickelung vorhanden ist.»[76] – «Lasset vom Osten befeuern, was durch den Westen sich gestaltet», erklingt es in den Worten zur Begründung der Allgemeinen Anthroposophischen Gesellschaft.[77]

In dem zuvor erwähnten Vortrag stellt Rudolf Steiner dar, wie das Ich im Westen, in Europa, nicht auf das seiner Entfaltung gemäße

Zeitalter der Bewußtseinsseele, in dem sich die eigenständige Einsicht der Individualität entwickeln soll, wartet, sondern verfrüht in der Empfindungsseele, in den Triebfedern der Stimme des Herzens erwacht.[78] Daher wirkt der Impuls des Gewissens als unmittelbare Äußerung aus den schlafenden Tiefen des höheren Selbstes nicht als ruhige Offenbarung der geistig-moralischen Gesetze, sondern als Naturgewalt.[79] «Solange die Menschen nicht reif waren,» bemerkt Rudolf Steiner, «die Gesetze innerlich aufzunehmen, solange in dem Gesetz der Stab des Moses vorhanden ist, der die Menschen unter ein Joch zwang, so lange lag das Gesetz in der Bundeslade. Bis dann das paulinische Prinzip, das Prinzip der Gnade über die Menschen kam und er die Möglichkeit bekam, frei zu werden vom Gesetz. ... Wenn das Gesetz von Liebe durchglüht ist, wenn sich die Liebe mit dem Gesetz verbunden hat, dann ist es die Gnade.»[80]

Das Sinnbild des Rosenkreuzes

Die Sprache des Neuen Testaments, Rudolf Steiners und auch George Ritchies zeichnet sich durch Exaktheit, Vielschichtigkeit und Nuancenreichtum aus und ist zugleich von einem Element dynamischer Spannung, ja Paradoxie und Widersprüchlichkeit geprägt. Durch ein Sinnbild läßt sich die Wirklichkeit hinter einem Widerspruch, der logisch nicht zu bewältigen ist, noch am ehesten erfassen. So werden beispielsweise die Koans, mit denen sich Zen-Mönche oft ihr Leben lang befassen, gerade dieses Vorzugs halber gepriesen. Solche Sinnbilder begegnen uns in allen religiös-mythischen Überlieferungen. Im vorliegenden Zusammenhang sei an die Legende von Tannhäusers Stab erinnert. Tannhäuser will das Ordinäre seiner Vergangenheit, die Erinnerung an seinen Aufenthalt im Venusberg tilgen. Er macht sich auf den Weg nach Rom in der Hoffnung, dort ein neues Leben zu finden. Am Ende seiner langen Reise wird er vom Papst empfangen, jedoch mit den Worten abgewiesen, er werde erst dann begnadigt, wenn das tote Holz seines Wanderstabes Blüten trage – was auch geschieht.

Rudolf Steiner spricht von einem Symbol, dessen Meditation in die lebendige Nähe des vorliegenden Widerspruchs führen kann, vom Rosenkreuz. Es beginnt als ein schwarzes Kreuz, dessen Schnittpunkt von sieben strahlend roten Rosen umgeben wird.[81] Eine von vielen Erfahrungen, die man durch die Versenkung in die Bildersprache des Rosenkreuzes machen kann, läßt sich folgendermaßen andeuten. Das Gewissen ist wie ein regelmäßig gebildetes Kreuz, das sich gegen ein grelles Licht abhebt. Jeder Gedanke, jedes Gefühl und jede Handlung des Lebens werden auf den Kreuzbalken wie auf eine Waage gelegt und gemessen, werden daran zu-recht gerückt, das heißt ge-richtet. Für alle Impulse, die im Leben nicht rechtmäßig und dem Gedeihen der Welt abträglich waren, wird die Seele durch das geistige Gewissen an der Todesschwelle in die Enge ihrer eigenen Nichtigkeit getrieben. In tiefen Schichten der Seele herrscht daher schon während des ganzen Lebens Angst vor dem Ablegen der Erinnerungsbilder an der Schwelle; denn die Seele ahnt, daß ihre Schulden bis zum letzten Heller bezahlt werden müssen. – Gleichermaßen beängstigend ist unter dem Zeichen des Kreuzes die Erinnerung an Begegnungen mit andern Menschen. Man nimmt nach längerer Beschäftigung mit der Bildersprache des Rosenkreuzes wahr, daß man sich selbst in dem Maße, wie man andere verurteilt hat, fremd geworden ist. Sogar der gerechte Zorn, aus dem heraus man die Verbrecher hatte strafen wollen, befriedigt nicht mehr. Das eigene wahre Gesicht bleibt verstört; der Zustand ist noch immer die gleiche Enge, die gleiche Bangigkeit. – So spricht das Gewissen durch das Sinnbild des Rosenkreuzes.

Hat man sich – vielleicht Jahre hindurch – in dieses Sinnbild versenkt, dann kündigt sich dieses Gewissen als etwas an, das gleichzeitig mehr ist und anderes als ein unerbittlicher Richter. Man ahnt, daß es den fruchtbaren Boden für etwas Höheres bildet: Es entfaltet eine immer wesenhafter werdende Kraft der Individualität. Die verborgene Erinnerung an jeden Augenblick, in dem man die Bedürfnisse und Leiden eines anderen Menschen höher als die eigenen gestellt und sie sich zu eigen gemacht hat, zeugt von dieser werdenden Kraft. Ein gleiches gilt für schöpferische Ideen und Projekte im

Leben, die trotz aller Widerstände, wie dem Hang zur Bequemlichkeit und ähnlichen trägen Gewohnheiten, einmal in der Seele und daraufhin fruchtbar in der Welt geboren wurden. Eine einzigartige heitere Ruhe breitet sich wie Morgenröte in den Weiten der Seele aus. In dem Maße, wie diese die von außen gegebenen Gesetze der Welt – seien sie wissenschaftlicher, ästhetischer oder moralischer Art – in sich aufnimmt und verarbeitet, beginnt aus der Dürre des Rechts die Blüte eines ungeahnten Mitleids heilend und wärmend hervorzusprießen. Diese Gnade ist das eigentliche Lebensblut der Menschlichkeit des Menschen; sie zurückzuweisen, und sei es auch nur aus Unkenntnis, ist ein Unglück für die gesunde Entwicklung der Seele.

Was hier als persönliche Erfahrung beschrieben wurde, kann jeden Tag an vielen Menschen beobachtet werden. Die Rolle, welche die Freundschaft im Leben eines Menschen spielt, weist darauf hin, inwieweit eine solche Verwandlung wie die hier beschriebene stattgefunden hat. Man nehme zur Veranschaulichung die Wirkung, die der Hang zum Perfektionismus auf die zwischenmenschlichen Beziehungen ausübt. Die tote Hand seiner Regeln mechanisiert das Leben und macht es zu einer entseelten Plackerei. Der Mensch fordert Tag für Tag die Tücke des Objekts heraus und sucht immer mehr, Freundschaft und Liebe zurückzudrängen. Oft sind es scheinbar belanglose Kleinigkeiten, zum Beispiel die Abwehr von Dank für eine gut gemachte Arbeit, etwa mit den Worten: «Nichts zu danken!» Oder es sind quälende Minderwertigkeitsgefühle, hervorgerufen durch ein schonungsloses Selbstgericht, die dazu führen, daß der Betreffende allmählich jede Hoffnung auf die nährende Liebe einer Quelle, die reiner und höher ist als er selbst, aufgibt. Arroganz und Selbstsucht scheinen seltsamerweise die Kehrseite derselben Medaille zu sein; sie sind gleichermaßen Kennzeichen eines getriebenen, in sich gekehrten und vernachlässigten wie eines hungernden Seelenlebens. Unter ihrem Zeichen verbittet man sich sogar Vergebung für Schuld und Fehler, wie sie einem manchmal geboten wird, würde man dadurch doch nur aus seiner Selbstbezogenheit herausgerissen – und das will man nicht.

Durch die vertieften Kenntnisse, die im Verlaufe einer solchen Meditation innerlich gebildet werden, nimmt man nach und nach wahr, warum wir im Leben so sehr geneigt sind, das Schädliche dem Lebenfördernden vorzuziehen. So seltsam es klingen mag, es gibt etwas, was das träge, gewohnheitsbestimmte Alltagsselbst noch mehr als die Todesstrafe fürchtet – die läuternde Verwandlung. Wie sehr hängen wir doch im Leben an unserer Version der Ereignisse; wie hartnäckig deuten wir das Geschehen nach den propagandistischen Argumenten unserer Selbstverteidigung, und dies allein, um uns gegen die unterschwellige Kritik zu schützen, deren Stimme uns unausweichlich zu einer Verwandlung auffordern würde, die wir nur als Bedrohung empfinden könnten.

Wenn man es dennoch wagt, auch nur versuchsweise das scheinbar festgefügte eigene Selbstbild aus den Angeln zu heben und aufzugeben und sich die Begegnung mit Menschen und Ideen zu wünschen, die höherer Art sind als man selber – dann stirbt man im Feuer eines Verwandlungsprozesses; und dabei stählt sich etwas in uns, das den unterschwelligen Verurteilungen durch das Gewissen standzuhalten vermag.

Man kann an sich selbst unmittelbar wahrnehmen, inwieweit eine solche Verwandlung im Gange ist oder nicht. Für den, der zu wirklicher Freundschaft fähig ist, für den wird sie Nahrung der Seele in ihrem Streben, fruchtbar ins ganze Leben zu wirken. Diese Qualität unterscheidet sie grundsätzlich von all den anderen Verhältnissen, in denen der einzelne sich Freundschaft und Liebe seiner Mitmenschen als Orden einer illusorischen Selbstbestätigung anheftet, die das negative Urteil seines höheren Selbst verdrängen soll.

Stellen wir nun noch einmal die Frage nach der Beziehung von Moses zu Christus, so kann uns nach diesen Betrachtungen aufdämmern, daß es heute nicht mehr zeitgemäß und daher nicht mehr heilsam ist, in Moses demjenigen zu begegnen, der die Gesetzestafeln den Berg Sinai herunterträgt, um sie den Menschen zu bringen – er ist im metaphysischen Sinne als solcher nicht mehr da; man hat ihn jetzt nur zur Seite des verklärten Christus zu suchen. So scheint es eine der vielleicht wichtigsten Aufgaben unseres Zeitalters, daß viele

Menschen schon im Leben den Weg zu einer Begegnung mit dem Christus suchen und finden.

Der überpersönliche Christus

Es soll an dieser Stelle auf einen zweiten Grundzug des Christuswesens hingewiesen werden, der für ein Verständnis des besonderen Umfangs seines Richteramtes ausschlaggebend ist. Wir haben von einem Hüter der Schwelle zur geistigen Welt gesprochen und von der tiefen Scham und Reue, welche die Menschenseele angesichts ihrer persönlichen Fehler und Makel bald nach dem Tode in seiner Gegenwart empfinden muß. Rudolf Steiner schildert in seinem Buch *Wie erlangt man Erkenntnisse der höheren Welten?* darüber hinaus die – seltenere – Begegnung mit einem zweiten, höheren Hüter der Schwelle. Dieser kann, anders als der erste, seine Aufgabe nicht schon dadurch erfüllen, daß der einzelne Mensch seine individuelle Seele vervollkommnet; denn solange Menschenseelen in der Welt leiden, kann er nicht selig sein.[82] – Dieses Wesen ist der Christus; ihm begegnen Menschen immer häufiger als dem Hüter gleich auf der anderen Seite der Schwelle. Er fordert Rechenschaft nicht nur für bestimmte persönliche Verfehlungen, sondern auch für alle Unterlassungen der ganzen Menschheit und der Erde gegenüber.

George Ritchies Erlebnis veranschaulicht auch diesen Unterschied zwischen dem Richteramt des Moses und dem des Christus. Vor die Frage nach dem Wert seines Lebens gestellt, versucht George auf seine Erfolge im Leben hinzuweisen, wird aber mit dem Wort «Das ehrte dich!» enttäuscht. Er konnte dem Christus eigentlich nichts vorweisen, als was er durch Schicksalsgunst oder Gnade empfangen hatte. Es war ihm wie einem, der «zum Abschlußexamen kommt und entdecken muß, daß er in einem Fach geprüft wird, das er niemals studiert hat».[83] Zu der Schuld an dem, was man falsch gemacht hat, kommt die Schuld an dem hinzu, was man überhaupt nicht gemacht hat. George Ritchie dämmert es auf, daß die Frage nach dem Wert eines Lebens in der Gegenwart dieses Richters ganz anders lautet; sie besteht für dieses Wesen darin, inwieweit man durch selbstlose Liebe das Leben anderer Menschen und der Welt bereichert hat. – So kann man also von zwei Sphären moralischer Verantwortung sprechen. Die eine wird repräsentiert durch das Moses-Richteramt; sie ist durch die klare Formulierung der Gebote beziehungsweise Verbote für die meisten Menschen durchsichtig und einleuchtend. Die andere wird im Christus-Richteramt offenbar; sie wird weit weniger erkannt, da sie auch all das mit umfaßt, was der einzelne zur Förderung des sozialen Lebens unterläßt.

Dieser Unterschied zwischen Moses und Christus macht zugleich verständlich, warum die Menschen den Forderungen des Moses schneller und leichter nachzukommen bereit sind als denen des Christus. Die Triebfeder der Selbstliebe reicht letzten Endes aus, die persönlichen Makel ausbessern zu wollen, während eine höher entwickelte Art der Liebe erforderlich ist, für das Wohlergehen der Menschheit als eines Ganzen tätig zu sorgen. Dazu ist eine umfassende Verwandlung des egoistischen Selbstes nötig, das heißt in der Bildersprache der Verklärung auf dem Berge: ein Untertauchen des Moses-Impulses in die grenzen- und selbstlose Liebe des Christus.

Man wehrt sich gegen diese zweite Sphäre moralischer Verantwortung mit dem Einwand, sie sei ein Abstraktum. Doch ist sie praktisch im eminentesten Sinn. Man beschreibt mit Recht die Welt von heute als ein globales Dorf und erkennt die Notwendigkeit, ein globales Verantwortungsgefühl zu entwickeln. Nehmen wir als konkretes Beispiel die Gefährdung der Ozonschicht der Erde. In den höchsten Schichten der Atmosphäre hält Ozon das lebensbedrohende ultraviolette Spektrum der Sonnenstrahlen zurück. Nun verwenden wir heute – mehr noch als im vorigen Jahrhundert – den größten Teil unserer geistigen Kraft auf die Technologie einer materiellen Kultur, die letztlich nur unserer Bequemlichkeit dient. Man denke beispielsweise an unsere Klimaanlagen und Kühlschränke. Ausgerechnet die Verwendung von Fluorkohlenwasserstoffen in diesen Geräten bedroht jedoch die Ozonschicht der Erde. Jeder Verlust von einem Prozent dieser Schicht hat zur Folge, daß zwei Prozent mehr ultraviolettes Licht die Oberfläche der Erde erreicht. Nach den letzten Forschungsergebnissen ist die Ozonschicht beispielsweise über Nordamerika nicht, wie früher vermutet, zu zwei Prozent, sondern bereits zu fünf oder sechs Prozent zerstört, was schon verheerende Folgen für die kommenden Generationen der Meerestiere und der Menschen haben könnte. Wir können es durch unsere Bequemlichkeit erreichen, daß die Sonne selbst, dieses leuchtende, Leben spendende Gestirn, zu einer bösartigen, krebserregenden Störung in unserer Biosphäre wird – ein grotesker, absurder Preis für die Selbstsucht, auch wenn die Schuld des einzelnen, nach dem Maßstab des Moses gemessen, dabei gering scheint. Für den Christus aber wird sie Anlaß zur Trauer um künftige Generationen. Rudolf Steiner bemerkte einmal, es gebe deshalb so wenig Liebe in der Welt, weil die Menschen ahnen, daß sie in ihrer reinsten Form eine Gabe ist, für die man keine Gegengabe erwarten kann.[84]

Das 20. Jahrhundert und das Wiedererscheinen des Christus in der ätherischen Welt

Noch ein letzter Aspekt der Übereinstimmung zwischen George Ritchies und Rudolf Steiners Christus-Bild soll an dieser Stelle erörtert werden und zugleich die Hauptmotive der bisherigen Betrachtungen abrunden. George Ritchie schildert die Art und Weise seiner Christus-Begegnung folgendermaßen:

«Die Worte (des Sohnes Gottes) kamen aus meinem Inneren, dennoch hatten sie eine Autorität und Überzeugungskraft, wie sie meine Gedanken nie hatten ... Und wieder entstand eine Vorstellung in mir wie von selbst, aber nicht als Gedanke oder Spekulation. Es war eine Art Wissen, plötzlich und vollständig. Ich wußte über ihn auch andere Fakten. Das eine zum Beispiel, daß er das vollkommenste menschliche Wesen war, dem ich je begegnet war. Wenn dies der Sohn Gottes war, dann war sein Name Jesus. Aber – dies war nicht der Jesus aus meinen Sonntagsschulbüchern. Jener Jesus war nett, freundlich, sanftmütig, verständnisvoll und vermutlich auch etwas schwächlich. Diese Person war aber der Inbegriff von Kraft selbst, älter als die Zeit und doch moderner als irgend jemand, dem ich jemals begegnet war.

Über allem wußte ich mit derselben wunderbaren inneren Gewißheit, daß dieser Mann mich liebte. Weit größer als die Kraft, die von seiner Gegenwart ausströmte, war die bedingungslose Liebe. Eine erstaunliche, unbegreifliche Liebe. Eine Liebe jenseits meiner kühnsten Vorstellungen. Diese Liebe kannte jede meiner lieblosen Regungen – die Quälereien mit meiner Stiefmutter, meine Wutausbrüche, die sexuellen Phantasien, die ich nicht unter Kontrolle bekam, jeden gemeinen, egoistischen Gedanken und dessen Ausführungen seit dem Tage meiner Geburt – und er nahm mich an und liebte mich so, wie ich war.»[85]

George Ritchie beschreibt also eine allmächtige Wesenheit, die alles über ihn weiß. Und doch werden Allmacht und Allwissen noch von der Liebe übertroffen, die der Licht-Mensch für George wortlos äußert. Das Verhältnis dieser drei Kräfte zueinander prägt auch eine Schilderung des Christus durch Rudolf Steiner: Gott habe mit Luzifer die Allwissenheit und mit Ahriman die Allmacht gemeinsam, die unbedingte Liebe aber entspringe ihm allein.[86]

Rudolf Steiner hat oft betont, daß im Laufe der fortschreitenden Entfaltung dessen, was der Christus durch die Auferstehung für die Menschheit bewirkt hat, ab dem 20. Jahrhundert immer häufiger wirkliche Begegnungen mit dem Christus in der ätherischen Welt stattfinden.[87] Kann man George Ritchies Erfahrung anders denn als eine Verwirklichung dieser Verheißung auffassen?

Die geistigen Welten

Die ätherische Welt

Plötzlich verschwinden die Krankenhausumgebung und das Erinnerungstableau, und mit einem Ruck bemerkt George Ritchie, wie er und sein Schutzgeist hoch über der Oberfläche der Erde den Lichtern einer Stadt entgegeneilen. Schließlich machen sie in einem schäbigen Nachtlokal halt, wo eine Menge Leute, darunter viele Matrosen, Gläser mit Whisky und Bier hinunterkippen. Die Bargäste nehmen die rege unsichtbare Welt um sich herum, die an ihrem Tun und Treiben auf verschiedenste Weise Anteil nimmt, nicht wahr. George und sein Schutzgeist sind für sie nicht zugegen, ebensowenig die zahlreichen gierigen Gestalten an der Theke, die hoffnungslos darunter leiden, nicht mittrinken zu können. – Bereits vor Betreten der Bar hat George Ritchie eine Beobachtung gemacht:

«Alle lebendigen Menschen, die wir beobachteten, waren von einem mattleuchtenden Glanz umgeben, fast wie mit einem elektrischen Feld an der Oberfläche ihrer Körper. Dieses Leuchten bewegte sich, wenn sie sich bewegten, wie eine zweite Haut, wie ein blasses, kaum sichtbares Licht. Zuerst dachte ich, es wäre der widerspiegelnde Glanz von der Person an meiner Seite. Aber die Gebäude, die wir betraten, reflektierten nicht, auch nicht die leblosen Gegenstände. Und dann entdeckte ich, daß die körperlosen Wesen es auch nicht taten. Mein eigener substanzloser Körper war, wie ich jetzt erkannte, auch ohne diese glänzende Hülle.»[88]

Es ist an früherer Stelle (S. 38 f.) hier erörtert worden, wie der Ätherleib allen Lebewesen, nicht aber leblosen physischen Gestalten oder den Seelen der Verstorbenen eignet. Rudolf Steiner beschreibt die Erscheinung der ätherischen Gestalt lebender Menschen als eine feine, helle, pfirsichblütfarbene Lichtaura des Körpers. Den Toten fehlt dieser Ätherleib, da er sich in den ersten drei Tagen nach dem Tode verflüchtigt.

Jede dieser drei von Rudolf Steiner genannten gesetzmäßigen Bestimmungen wird also von George Ritchie bestätigt. Es scheint angebracht, auch weitere Begriffe aus Rudolf Steiners Geisteswissenschaft heranzuziehen und auf die vorliegenden Tatbestände anzuwenden. Danach fehlt George Ritchie der Lichtkokon oder Ätherleib, weil dieser, während er seine außerkörperlichen Erfahrungen machte, noch zum größten Teil, wenn auch gelockert, mit dem in Krankenhaus liegenden physischen Körper verbunden blieb. Daß George Ritchie, als er seinen Körper verläßt und auf ihn zurückschaut, keine Aura um seinen physischen Leib herum wahrnimmt, widerspricht dem nicht; denn er war zu diesem Zeitpunkt auch noch nicht imstande, diese Lichtgestalt an anderen wahrzunehmen. Er bemerkt öfter im Laufe seiner Erzählung, es komme ihm vor, als müsse er sich in der geistigen Welt erst nach und nach orientieren, um Dinge wahrzunehmen, die schon die ganze Zeit in seiner Nähe waren.

George Ritchie erzählt von dem allgemeinen Treiben an der Bar folgende Szene:

«Ich sah, wie ein junger Matrose schwankend vom Barhocker aufstand, zwei oder drei Schritte ging und dann schwer zu Boden stürzte. Zwei seiner Kumpel griffen ihn und zogen ihn von der Stelle weg ... Ich starrte mit Verwunderung auf den hellen Kokon um den bewußtlosen Matrosen, der sich einfach öffnete. Er teilte sich über seinem Kopf und fing an, sich vom Kopf und von seinen Schultern abzuschälen. Gleichzeitig, schneller, als ich jemals jemanden in Bewegung sah, war eines der körperlosen Wesen über ihm, das in seiner Nähe an der Bar gestanden hatte. Wie ein durstiger Schatten hatte es an der Seite des Matrosen gelungert und gierig jeden Schluck verfolgt, den der junge Mann nahm. Jetzt schien es auf ihn zu springen wie ein wildes Tier auf die Beute ... Noch zweimal, während ich verblüfft hinstarrte, wiederholte sich dieselbe Szene. Ein Mann wurde bewußtlos, blitzschnell riß die Hülle um ihn herum, eines der körperlosen Wesen verschwand, indem es sich in die Öffnung stürzte, so, als wäre es in das andere Wesen hineingekrochen.»[89]

Rudolf Steiner hat die Verwandlungen, die die Gestalt des Ätherleibes manchmal erfährt, näher beschrieben. So wies er einmal auf die Gefährlichkeit der Hypnose hin; sie lockere den Ätherleib des Gehirns derartig aus seinem Zusammenhang mit der physischen Grundlage, daß ihn der Hellseher auf beiden Seiten des Kopfes «wie zwei Lappen oder Säcke» heraushängen sehe.[90] – Für jemanden, der die übersinnliche Welt für eine Fiktion hält, liegt der Verdacht nahe, George Ritchie müsse von Rudolf Steiners Vortrag gehört haben. Und doch ist eine Entlehnung ganz ausgeschlossen. 1943 lag noch keine englische Übersetzung des Stuttgarter Vortrages vor; und George Ritchie selbst bestätigte in einem Brief vom 17. März 1988, daß er erst durch den Brief des Autors vom 14. Januar desselben Jahres auf Rudolf Steiner aufmerksam gemacht wurde. Wie die echte Signatur des Malers wirkt dieses Detail in George Ritchies Gemälde.

Auf solche Bestätigungen der geisteswissenschaftlich erforschten Tatsachen legte Rudolf Steiner besonderen Wert. Dies macht zum Beispiel das Gespräch zwischen Professor Capesius und Maria im ersten Bild der *Pforte der Einweihung*[91] deutlich, gleich nachdem Theodora den Freunden von der wunderbaren, zukunftweisenden Christus-Erscheinung erzählt hat. Capesius zu Maria:

Bekannt ist uns geworden,
Daß von der künft'gen Gabe,
Von der sie sprach wie träumend,
Auch oftmals schon berichtet hat
Der Mann, von dem man uns gesagt,
Daß er die Seele dieses Kreises ist.
Ist's möglich, daß von ihm
Der Inhalt ihrer Rede stammt,
Und nur die Art aus ihrem Wesen kommt?

Maria entgegnet darauf:

Wenn so die Sache stünde,
Sie wäre uns nicht wichtig.
Es ist jedoch genau der Tatbestand geprüft.

Die Freundin war ganz unbekannt
Mit unsres Führers Reden,
Bevor sie unsren Kreis betrat.
Und auch von uns hat keiner
Vorher gehört von ihr.

An anderer Stelle fordert Rudolf Steiner ausdrücklich dazu auf, die aus der geisteswissenschaftlichen Forschung gewonnenen Erkenntnisse mit allen nur denkbaren Mitteln zu prüfen:

«Ich weiß aber ganz gewiß, wenn Sie anfangen, nachzudenken mit unbefangenem Wahrheitssinn, wenn Sie sagen: Das wird uns gesagt; prüfen wir die uns zugänglichen Urkunden, die Religions- und mythologischen Dokumente, prüfen wir, was uns sagt jegliche Naturwissenschaft – so werden Sie die Richtigkeit des Gesagten einsehen. Nehmen Sie alles zu Hilfe, und je mehr Sie zu Hilfe nehmen können, desto besser. Ich bin unbesorgt … Nehmen Sie alles, was die neueste Naturwissenschaft mit ihren neuesten Methoden Ihnen bieten kann, nehmen Sie alles, was die historischen oder religiösen Forschungen ergeben haben – ich bin unbesorgt. Je mehr Sie prüfen, desto mehr werden Sie bewahrheitet finden, was aus dieser Quelle heraus gesagt worden ist. Sie sollen nichts auf die Autorität hin annehmen. Das sind die besten Schüler der Geist-Erkenntnis, die das, was gesagt wird, zunächst als Anregung empfangen und es dann in den Dienst des Lebens stellen, um es am Leben zu prüfen.»[92]

Im Sinne dieses von Rudolf Steiner geforderten Umgangs mit Anthroposophie kann hier mit Gewinn verfahren werden. Wir haben es offensichtlich mit allgemeingültigen Wahrnehmungen der übersinnlichen Welt zu tun. George Ritchie und Rudolf Steiner beschreiben die ätherischen Gestalten von Menschen in normalen Bewußtseinszuständen durchgängig anders als die von Menschen in abnormen Verfassungen. Besonders auffallend ist an dieser Übereinstimmung, daß die gesetzmäßige Verwandtschaft an den beobachteten *Objekten* selbst auftritt, eine Erklärung aufgrund der gemeinsamen physiologischen Grundlage der *Subjekte* wäre daher abwegig.

Eine weitere subtile Verflechtung des geisteswissenschaftlichen

Menschenbildes ist an dieser Stelle zu erwähnen. Wir erinnern uns an die Schilderung des gelockerten Äthergehirns in Zusammenhang mit dem Lebenstableau (S. 40). Rudolf Steiner stellt den Ätherleib als einen Doppelgänger des physischen Körpers dar, in dem die verschiedenen Kraftgestalten der physischen Organe zu erkennen sind, am deutlichsten in der Kopfregion. Es liegt auf der Hand, daß in der Spaltung des hellen Kokons und in dessen Sich-Abschälen von Kopf und Schultern, wie es sich bei dem betrunkenen Matrosen vollzieht, sichtbar wird, wie die zwei Hemisphären des Gehirns in ihrem Zusammenhang gestört werden und auseinanderfallen. Dementsprechend schildert Rudolf Steiner, daß es Teile des ätherischen Gehirns sind, die im Zustand der Hypnose als «Lappen oder Säcke» heraushängen.[93]

Dieses Zusammenhalten und Zusammenschauen verschiedener Schilderungen, wie wir es hier versuchen, soll indessen nicht als ein «Beweisen» im naturwissenschaftlichen Sinne aufgefaßt werden. Offensichtlich mit Recht weist Rudolf Steiner nachdrücklich darauf hin, daß Geistiges letzten Endes nicht bewiesen, sondern nur erlebt werden kann – und das erst durch die Verwandlung des Organs der Erkenntnis, des Selbstes.[94] So wird es beispielsweise auch nie einen Satz geben, der mit einer ähnlichen logischen Schlüssigkeit wie der Satz des Pythagoras beweisen könnte, daß Kannibalismus ein Unrecht sei. Der eine gelangt zu dieser moralischen Überzeugung, der andere nicht.

Dasselbe gilt auch unmittelbar für das Leib-Seele-Problem. Man wird vor die gleiche «Beweislosigkeit» gestellt, wenn man fragt, wo die Wärme, die Begeisterung für ein Ideal im Blut eines Menschen nachzuweisen sei, der von dem Ideal inspiriert wird. Diese Wärme ist da, aber nicht für ein Meßinstrument. Oder worin besteht die Schönheit eines Bildes von Leonardo da Vinci? Sie ist weder in der Tempera oder der Ölfarbe eines Kunstwerks noch in den Stäbchen und Zapfen der Augen seines Betrachters vorhanden.

Erinnern wir uns noch einmal an die Qualitäten, die das Hören eines Musikers von dem eines Nicht-Musikers unterscheiden (S. 41 f.), indem der Musiker seine Aufmerksamkeit sowohl auf die

Melodie als auch auf den Kontrapunkt richtet und beide aufeinander bezieht, während der Nicht-Musiker vor allem der Melodie folgt. Die Unterschiede in der Qualität des Hörens haben biochemische Folgen in den Gehirnvorgängen und können daher auch elektroenzephalographisch registriert werden. Doch nur der Musiker erfährt in unmittelbarem Erleben den Unterschied; der das Meßgerät Bedienende beschäftigt sich nur mit illusorischen Daten, mit der vom Erleben abgelösten, inhaltsleeren Hülse der Erfahrung.

Ganze Erlebnisbereiche sind daher, wenn die Anregung durch das Interesse fehlt, nichts weiter als Hohlräume. Sie schließen sich erst demjenigen auf, der sich ihnen forschend, teilnehmend nähert. Das trifft auf alles Ästhetische, Wahre und Moralische des menschlichen Lebens zu, auf den malenden Blick eines van Gogh ebenso wie auf das Schauen Rudolf Steiners oder George Ritchies.

Selbstmörder

Noch bevor George Ritchie mit seinem Schutzgeist die schmutzige Bar betritt, begegnet er verschiedenen Menschenseelen, die Lebende um Verzeihung anflehen «ohne Ende, immer wieder, in Ohren, die (sie) nicht hören konnten» . Er beschreibt, wie ein junger Mann in verzweifelter Qual seinen Vater überall hin wie ein Schatten begleitet, ihn mit unsichtbaren Gesten und ohnmächtigen Worten um Vergebung bittend. Verständnislos wendet sich George Ritchie an seinen Schutzgeist um Erklärung. Da kommt ihm aus dem Licht der Gedanke: «Sie sind Selbstmörder, gekettet an die Folgen ihrer Tat.»[95]

Auch Rudolf Steiner spricht von der Tragödie des Selbstmordes. Er schildert zunächst, wie die Seele, während sie im Leibe lebt, an allem teilnimmt, was diesen Leib betrifft und was durch ihn vermittelt wird, und wie dieser Zusammenhang, dieses Sich-eins-Fühlen mit dem physischen Körper auf der Erde weitgehend das Selbstgefühl begründet. Er fährt dann fort: «Beim natürlichen Tode geht mit dem Verfall des Leibes auch ein teilweises Ersterben der an ihn sich heftenden Gefühle einher. Bei Selbstmördern kommen dann noch zu der Qual, die ihnen das Gefühl der plötzlichen Aushöhlung verursacht, die unbefriedigten Begierden und Wünsche, wegen deren sie sich entleibt haben.»[96] Ritchie und Steiner empfinden beide tief, daß das Leben einen Sinn hat und ausgetragen werden muß, so trivial oder schwer es sein mag, und daß etwas unaussprechlich Einmaliges verloren geht, wenn jemand sein Schicksal von sich stößt.

Heute wird statt des alten Wortes «Selbstmord», das die Tatsache beim Namen nennt, viel lieber der Euphemismus «Freitod» gebraucht. Darin tritt die Überzeugung so vieler Menschen offen zutage, es gebe keine moralische Instanz, die einen daran hindern könne, einer als heillos erlebten Welt aus eigenem Entschluß den Rücken zu kehren. Was Menschen wie Rudolf Steiner und George Ritchie einer solchen abstrakten Auffassung von Freiheit entgegensetzen, ist ein sehr konkreter Begriff von Freiheit, der auf der Verantwortung beruht, die jeder Mensch für seine Taten und deren Folgen trägt, nach Gesetzen, die jene der physischen Welt übersteigen.

Wir sind dabei in der paradoxen Situation, daß wir viele Dinge in der Welt überhaupt erst durch die Fenster unserer moralischen Intuitionen wahrnehmen – oder gar nicht. Rudolf Steiner und George Ritchie machen darauf aufmerksam, daß die Offenbarungen unseres moralischen Sinnes ebenso zu unseren Erfahrungen gehören wie die Wahrnehmungen durch unsere Augen und Ohren. Dem Verräter oder Verbrecher fehlt ein bestimmtes inneres Wahrnehmungsorgan, so wie dem Blinden der Gesichtssinn oder dem Tauben der Hörsinn fehlt. Die Verhaltensforschung, insbesondere wie sie durch B. F. Skinner vertreten wird, versucht, die Erfahrung auf ein mechanisches Entweder-Oder zu reduzieren. Doch bleibt ein solcher Schematismus leeres Spiel. Weder durch die Fable convenue unserer Erziehungswissenschaft noch durch die abstrakten Institutionen unserer Staatswesen können wir mehr erzwingen – sie halten dem zeitlosen, mahnenden Blick der Sphinx nicht stand.

George Ritchie ist seit seiner «Jenseits-Reise» der Überzeugung, daß der Mensch durch jeden Gedanken, den er denkt, Bande zu unsichtbaren Wesenheiten knüpft. Sir Alfred Ayer, der bekannte englische Philosoph, machte die gleiche Erfahrung, als im Juni 1988 sein Herz vier Minuten lang stillstand. «Es war außerordentlich», sagte der Siebzigjährige, «meine Gedanken wurden zu Persönlichkeiten.»[97] In dieser Art wird, fern von aller Metaphorik, nicht selten eine der tiefsten Erfahrungen jenseits der Schwelle charakterisiert.

Rudolf Steiner schildert in zahlreichen Vorträgen und Schriften, wie die Gedanken, die ein Mensch hegt, zwar in der Sinneswelt Schatten bleiben, wie sie aber auf der anderen Seite der Schwelle reale Wesen sind. Sobald der Körper abgelegt wird – ob im Leben durch schicksalhafte oder durch Schulung erzielte Einweihung, ob durch ein Erlebnis an der Todesschwelle oder Eintritt des Todes –, wird die unsichtbare Gesellschaft, die man schon sein Leben lang durch die eigenen Gedanken, Gefühle und Taten angezogen und unterhalten hat, mit einem Mal eine sichtbare, unabänderliche Tatsache.

Mit Meisterhand hat Michelangelo an der Altarwand der Sixtinischen Kapelle ein Gesicht verewigt, das die einzigartige Qualität dieser Unabänderlichkeit erschaut und widerspiegelt (Abb. 3).

Rudolf Steiner spricht von Elementarwesenheiten, die jederzeit bereit sind, schmarotzerhaft das Bewußtsein der Menschen zu überschatten und zu verdunkeln, wenn es durch Drogen, Hypnose, Haß, Ärger oder auch das Fehlen idealistisch-moralischer Gesinnung und durch materialistische Vorstellungen geschwächt ist. Diese Schilderung erinnert an die Stelle in George Ritchies Erzählung, wo von einem unsichtbaren Geist die Rede ist, der in den Kokon-Leib des betrunkenen, bewußtlosen Matrosen hineinschlüpft. Man kann hier wirklich von einer Verfinsterung der freien Individualität durch den Auswurf der übersinnlichen Welt, von einer Besessenheit durch unbewußte Triebe sprechen. In diesen «Wahlverwandtschaften» wirken ganz bestimmte übersinnliche Wesen, die der Mensch im gewöhnlichen Leben nicht einmal ahnt. Mittelalterliche Künstler hatten dage-

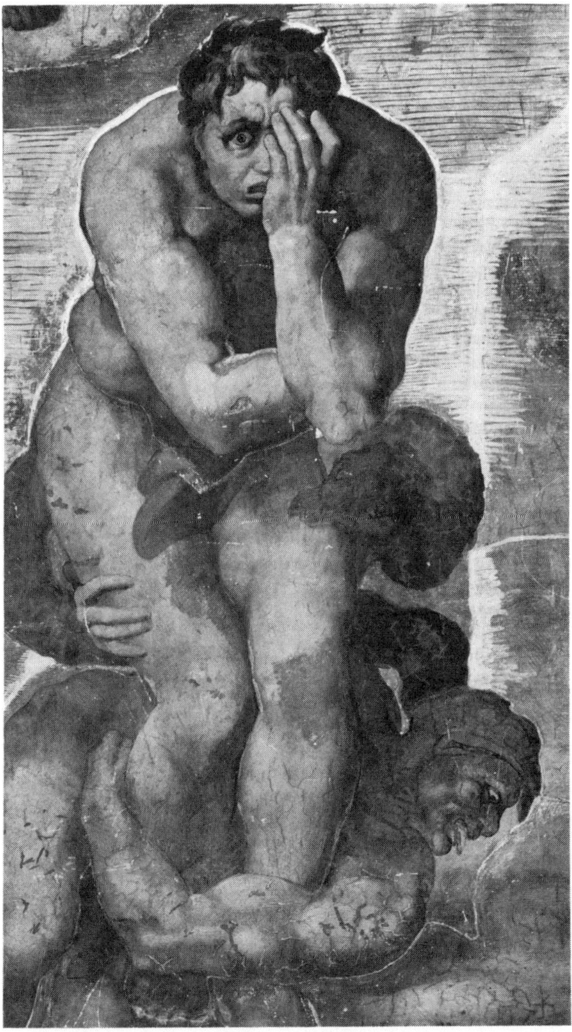

Abb. 3: Michelangelo, Das Jüngste Gericht. Altarwand der Sixtinischen Kapelle, Rom

gen noch ein feines Gespür für diese Verhältnisse; davon zeugt beispielsweise eine in Stein gehauene Figurengruppe am Südportal der Kathedrale von Chartres (Abb. 4).

Ebenso bringen die kunstvollen Bilderwelten des Hieronymus Bosch und anderer dem auffassungsfähigen Auge die Gesetzmäßigkeiten solcher Vorgänge zur Anschauung. Während eines Vortrages beobachtete George Ritchie, daß sich im Vortragssaal sichtbare und unsichtbare Seelen versammelten. Auch Rudolf Steiner erzählt, daß bei jeder Zusammenkunft von Menschen Scharen unsichtbarer Wesenheiten mitwirken, die durch die Gemütsart der Menschen herbeigezogen werden. Es ist gerade ein Ziel seiner Freiheitsphilosophie und Geisteswissenschaft, Empfindungsfähigkeit und Wachheit für die Wesensart unserer Triebfedern im Alltag zu entwickeln. Daß von der mehr oder weniger heilen Verfassung unseres seelisch-geistigen und karmischen Lebens, wie es sich im Wechsel unserer Gedanken, Gefühle und Handlungen verwirklicht, abhängt, ob wir Gefangene der Impulse unsichtbarer zurückgebliebener Wesenheiten oder freie Freunde der lebenfördernden Hierarchien sind, entgeht uns leicht im reißenden Strom des Alltags.

Die Wut-Besessenen im Kamaloka

George Ritchie berichtet weiter: «Wir waren wieder in Bewegung. Wir hatten den Marinestützpunkt mit seiner Umgebung von schäbigen Straßen und Bars verlassen und standen jetzt am Rande einer weiten, flachen Ebene, in einer Dimension, wo das Reisen keinerlei Zeit in Anspruch zu nehmen scheint ... Obwohl wir offensichtlich immer noch irgendwo auf der Erdoberfläche waren, konnte ich jetzt keinen lebenden Mann noch eine lebende Frau entdecken. Die Ebene wimmelte, ja, sie war gedrängt voll von Horden körperloser Wesen; nirgends war eine irdische, lichtumgebene Person zu sehen. All diese Tausende von Menschen waren anscheinend nicht mehr körperlich, wie ich selbst. Und sie waren die enttäuschtesten, wütend-

Abb. 4: Kathedrale von Chartres, Südportal

sten, elendesten Wesen, die ich jemals gesehen hatte ... Zuerst dachte ich, wir schauten auf einen großen Kriegsschauplatz: überall waren die Menschen dazu verdammt, einen Kampf miteinander zu führen, sie krümmten sich, schlugen und kratzten einander ... Keine Waffen irgendwelcher Art sah ich, als ich näher hinschaute, nur nackte Hände und Füße und Zähne ... Sie konnten nicht töten, obwohl sie den eindeutigen Wunsch dazu hatten, ihre Opfer waren bereits tot. Und so stürmten sie aufeinander im Wahnsinn machtloser Raserei.»[98]

Wir haben in dieser Schilderung von Seelen, die zu betäubten Automaten ihres Zerstörungsdranges geworden sind, ein anschauliches Bild dessen vor uns, was sich im Kamaloka, dem Fegefeuer oder der Vorhölle der christlichen Vorstellungswelt abspielt. Rudolf Steiner sieht den Ursprung des Hasses im Astralleib. Er schildert, wie seit dem Sündenfall die Menschen den apokalyptischen Krieg aller gegen alle im Leben täglich austragen müßten, würde nicht der mit elementarer Kraft aufsteigende Zerstörungswille von der ätherisch-physischen Organisation weitgehend abgedämpft.[99] Im leibfreien Zustand dagegen bricht sich der Haß ungebändigt Bahn.

Ein so sensibler Mensch wie Goethe fühlte in sich die verborgenen Zerstörungskräfte walten, die bewirken, daß die Menschen unterschwellig fortwährend sich gegenseitig vernichten wollen. Er bekennt sich dazu mit dem Wort, er sei sich darüber im klaren, selbst zu jedem Verbrechen fähig zu sein, das den einen oder anderen vor Gericht und ins Gefängnis bringt. Heute erleben wir, wie das rasante, irrsinnige Tempo des automatisierten Stadtlebens immer mehr durch Verbrechen von unvorstellbarer Willkür gekennzeichnet ist, mit der tragischen Folge – nach dem, was George Ritchie und Rudolf Steiner schauten –, daß die Menschen dazu verdammt werden, betäubt von Haß und Zerstörungswut in die geistige Welt hinüberzugehen.

Ob es sich um unersättliche sinnliche Begierden handelt, um die Seele starr und unbeweglich machende irdische Wünsche oder um egoistisch-narzißhafte Triebe – immer, so schreibt George Ritchie, schafft der Mensch dadurch eine Trennwand, die ihn vom Licht des Christus scheidet, und verurteilt sich selbst zur Einsamkeit auf der anderen Seite der Todesschwelle.[100] Diese Einsicht kann auf besondere Weise befreiend wirken. Es ist eine allgemeine Erfahrungstatsache, daß man dazu neigt, von dem nach und nach wirklich *besessen* zu werden, was man unbedingt *besitzen* muß. Für den einen ist es der Reichtum, der sich zwischen ihn und den aus der Freiheit hervorgehenden Frieden stellt, für einen anderen ist es Stolz oder Haß, Alkohol oder Angst. Jahrelang kann man von den Wachträumen seiner fixen Ideen und Vorstellungen getrieben werden, ohne sich dieses Tatbestandes auch nur einmal bewußt zu werden. Vielleicht wacht man erst nach einer schweren Prüfung oder kurz vor dem Tode auf, vielleicht auch gar nicht. Man kann aber auch die Gestalten der eigenen Willkür unmittelbar durchschauen, und indem einem die Einsicht in solche Zustände aufgeht, wird man von den fremden, nicht-menschlichen Gewalten spürbar entlastet. Der *Wille* wird in solchen Augenblicken wesenhaft; man bewegt sich in einem neuen Element der Wirklichkeit, in dem das Licht des Christus strahlen kann.

Schutzengel

«Allmählich wurde ich gewahr, daß da noch etwas anderes auf der weiten Ebene der miteinander ringenden Wesen zu finden war. Ich hatte es fast von Anfang an verspürt, aber ich konnte es über eine längere Zeit nicht ausmachen. Als ich dazu in der Lage war, traf es mich wie ein betäubender Schlag...

Über der ganzen unglücklichen Ebene schwebten Gestalten, die anscheinend aus Licht bestanden. Es war ihre Größe und ihr blendender Glanz, die mich gehindert hatten, sie vorher zu erkennen. Jetzt, nachdem ich sie sah, nachdem meine Augen auf sie eingestellt waren, konnte ich erkennen, daß diese unermeßlichen Gestalten sich über die kleinen Kreaturen auf der Ebene beugten, vielleicht sogar mit ihnen sprachen ...

Alles was ich klar erkannte, war dies, daß nicht eines dieser zankenden Wesen auf der Ebene verlassen worden war. Jemand war neben ihnen, achtete auf sie und diente ihnen. Und genauso sichtbar war die Tatsache, daß keiner von ihnen es wußte …

Nachdem ich diese strahlenden Gestalten erkannt hatte, stellte ich in der Tat mit Verwunderung fest, daß ich sie die ganze Zeit gesehen hatte, ohne die Tatsache bewußt zu registrieren, als ob Jesus in jedem Moment mir nur soviel zeigen konnte, wie ich bereit war zu sehen. Engel hatten die belebten Städte und Dörfer, die wir besucht hatten, bevölkert. Sie waren gegenwärtig gewesen in den Straßen, den Fabriken, den Häusern, sogar in jener unfreundlichen Bar, wo sich niemand ihrer Gegenwart mehr bewußt war als ich selbst. Und plötzlich erkannte ich, daß es eine gemeinsame Erklärung gab für all die Szenen, die ich bisher gesehen hatte. Es war ein Mangel, Jesus erkennen zu können. Ob es ein körperliches Verlangen war, ein irdischer Wunsch, ein Vertieftsein in das Selbst – ganz gleich, was seinem Licht auch in den Weg trat, es schuf eine Trennung, in die wir mit dem Tod eintreten.»[101]

Wieder denkt man an Platons Erzählung von Er, an die Genien, welche die Menschen in ihre künftigen Leben führen sollen. Wer diese Vorstellung in sich selbst so lebendig macht, daß sie allmählich zu einer inneren Gewißheit wird, der wird auch für den Wert der eigenen Lebensaufgabe feinfühliger und wird ihr mit beharrlicher Geduld gerecht zu werden suchen. Und er wird auch spüren, daß er in allen Leiden, Mühsalen und Bedrängnissen seines Lebens nicht alleingelassen ist, sondern daß da jemand ist, der ihn anschaut und in dem alles Leiden aufgehoben ist.

George Ritchie fand gerade angesichts dieser elenden Wesen zu der Überzeugung, daß jeder Mensch den Christus in sich trägt, unsichtbar, aber wesenhaft real, und daß das Lichtwesen, das ihn durch die geistigen Welten leitete, zugleich sein Schutzgeist und der Christus ist.

Immer wieder stellt man mit Erstaunen fest, daß George Ritchie während seiner «Odyssee» ganze Strecken der *Geheimwissenschaft im Umriß* zurückgelegt hat – und von dem umfangreichen Erinnerungsbild jener neun Minuten hat er bisher nur auszugsweise erzählt.

Was sagt nun Rudolf Steiner über den das Menschenleben begleitenden schützenden Geist?

«Damit aber der Astralleib überhaupt erhalten bleibe, damit er nicht durch das Niedere zerstört werde, muß er immer noch durchdrungen, durchsetzt sein von höheren Wesenheiten [...] Diese Wesen, die die Aufgabe haben, den vom Menschen unbeherrschten Teil seines Astralleibes zu beherrschen, stehen eine Stufe höher als der Mensch, es sind die Engel oder Geister des Zwielichts. In der Tat wacht sozusagen über jedem Menschen ein solch höherer Geist, der über seinen Astralleib Macht hat, und es ist nicht bloß eine kindliche Vorstellung, sondern eine tiefe Weisheit, wenn man von Schutzengeln spricht [...] Das ist die Aufgabe der sogenannten Geister des Engelreiches, die Inkarnationen der Menschen zu leiten. Und ob man sagt, der Mensch blickt auf zu seinem höheren Selbst, dem er immer ähnlicher werden soll, oder ob man sagt, er schaue zu seinem Engel als zu seinem großen Vorbilde hinauf, das ist im Grunde genommen geistig ganz dasselbe.»[102]

Aus einer anderen Perspektive spricht er von der Verwandlung des Astralleibes des Menschen als der Geburt des Heiligen Geistes in der Menschenseele.[103] Und in den Abschiedsreden des Johannes-Evangeliums verheißt der Christus denen, die ihm nachfolgen, den Helfer, den Heiligen Geist, der sie «alles lehren» wird.[104]

Im Bild dieses über *jeder* Menschenseele schwebenden, sie schützenden und geleitenden Wesens liegt auch eine mögliche Antwort auf die Frage, wie das Christentum wahr sein könne, wenn der Christus nicht ebenso zur Substanz anderer Religionen gehöre. Nun, eines ist das Lehrgebäude der Religionen, wie es sich im Laufe der Jahrtausende entwickelt und verfestigt hat; ein anderes ist die lebendige Wirklichkeit des Christus selbst und die Berührung mit ihm, die unabhängig ist von der Zugehörigkeit zu irgendeiner Konfession. Rudolf Steiner beobachtete, wie sektiererische Neigungen der Seele bei Christen ebenso wie bei Buddhisten, Mohammedanern oder Vertretern anderer Religionen auf der anderen Seite der Schwelle zu einer Last werden. In einer bestimmten Region der Seelenwelt, «dem Orte der Begierden», werden Seelen geläutert, die «von ihren religiösen Verrichtungen zunächst eine Erhöhung ihrer sinnlichen Wohlfahrt verlangen.»[105] In dem Maße hingegen, wie religiöse Gesinnung und Veranlagung den Menschen während seines Erdenlebens zu wahrer Brüderlichkeit geführt haben – die unabhängig ist von dem politischen oder konfessionellen Zusammenhang, in dem er steht –, in dem Maße entfalten sich in einer späteren Phase des nachtodlichen Lebens neue moralische Seelenkräfte.

In den Darstellungen von George Ritchie und Rudolf Steiner findet man den Schlüssel zu einer Auffassung des Christuswesens, die von allen Fesseln des Sektiererischen frei ist. Es wird daran auch deutlich, daß der Christus nicht treibende Kraft hinter den Fahnen irgendeiner Armee sein kann; denn jede Wunde, die der Mensch dem Menschen schlägt, wird auch ihm geschlagen. Er kann nicht selig sein, solange Menschen leiden. Und leiden müssen die Menschen, solange sie den Christus in sich und anderen nicht erkennen wollen.

George Ritchie spricht von einer Selbstsucht, welche die Menschenseelen vom Licht des Christus nach dem Tode ausschließt und sie einsam macht. Rudolf Steiner erzählt von Menschen, die wegen ihrer Selbstsucht und Trägheit an den Offenbarungen des Geistes in der Sinneswelt und in ihren eigenen Schicksalen achtlos vorbeigehen und nicht dazu kommen, ihr Leben als Kunstwerk zu betrachten, an dem sie immer wieder bis zu seiner Vollendung zu arbeiten haben. Auch er stellt dar, daß solche Seelen sich nach dem Tod zu eisiger Einsamkeit in der göttlich-geistigen Welt verurteilen. Ohne Interesse für die göttlich-geistigen Hierarchien, die in und hinter der Welt der Sinne wirken, bleibt der Mensch nach dem Tode von der Sinneswelt zugleich gefangen und getrennt, aber auch blind und taub für die nach allen Richtungen hin immer deutlicher erstrahlende Offenbarung des Geistes. Dagegen brauchen Menschenseelen, die nicht so geartet sind, nur kurze Zeit, um sich auf die geistige Umgebung einstellen und sich selber und die ihnen im vergangenen Leben verbundenen Seelen als geistige Wesenheiten erkennen zu können.[106]

Aber nicht nur für das nachtodliche, auch für das irdische Leben selbst ist das Verhältnis des Menschen zur Geistwelt von größter Bedeutung. Und so findet sich in George Ritchies Erzählung ein Motiv, das wir nur als tragisch erleben können: Immer werden die Menschen von Engeln des Christus begleitet, aber sie stellen sich taub für deren mahnende Worte. Man denke an die Führer der Weltmächte und all die Diktatoren, die von ihnen je nach Laune und Eigeninteresse unterstützt oder gestürzt werden. Selten erfüllen sich die an den Schalthebeln der Macht erhobenen Ansprüche, und wenn, dann nie auf lange Zeit; statt dessen wird die Zukunft Tausender und Abertausender von Menschen ausgelöscht, die ihre Erdenaufgabe noch längst nicht erfüllt haben. Man denke auch im kleinen an die eigenen Wachträume, in denen man das wahre Gesicht der Menschen, mit denen man Tag für Tag zusammen ist, für kürzere oder längere Zeit völlig verkennt.

Der Bereich der schöpferischen Gedanken

«Wir waren wieder in Bewegung. Oder vielmehr, die Szene vor uns – sie änderte sich irgendwie. Sie öffnete sich. Die Qualität des Lichtes war anders, so, als ob die Luft plötzlich durchsichtiger geworden wäre und mich in die Lage versetzte, das zu sehen, was anscheinend schon immer da war ... Gewaltige Gebäude standen in einem schönen, sonnigen Park, und es war eine Verwandtschaft zwischen den verschiedenen Konstruktionen festzustellen, ein Muster, nach der Art ihrer Anordnung, das mich irgendwie an eine gut geplante Universität erinnerte ... Als wir eines der Gebäude betraten und durch einen hohen Korridor mit großen Eingängen gingen, war es so still um uns herum, daß ich erschrak, Menschen darin gehen zu sehen. Ich konnte nicht sagen, ob es Männer oder Frauen waren, alt oder jung, denn alle waren von Kopf bis Fuß in locker-fließende Kapuzenmäntel eingehüllt, was mich dunkel an Mönche erinnerte ... Was diese Leute auch sonst gewesen sein mögen, sie erschienen äußerst selbstvergessen – aufgesogen von einem ungeheuren Vorhaben, das sie weit überragte. Durch die offene Tür erspähte ich gewaltige Räume, voll mit komplizierter Einrichtung. In einigen der Räume beugten sich Kapuzenfiguren über schwierige Tabellen und Diagramme oder saßen neben den Kontrolltafeln an ihren Arbeitsplätzen, auf denen Lichter flackerten ...

Wir begaben uns wieder hinaus in den stillen, uns erwartenden Park. Anschließend in ein Gebäude voller technischer Maschinen. Hinein in ein fremdes Weltraumgebilde, in dem uns ein ‹Katzengang› über einen Tank führte, der mit Wasser gefüllt war. Hinein in das, was wie große Laboratorien aussah, und hinein in das, was eine Art Weltraumbeobachtungsstation sein konnte.»[107]

Nach der seelisch-geistigen Landschaft des Kamaloka tut sich nun eine dritte Welt auf, in der gleichen Art, wie das Kamaloka aus der Welt des Lebenstableaus hervorging. Durch die der Welt der Sinneswahrnehmungen entnommenen Elemente – Park und Bauwerke – werden wir an Emmanuel Swedenborg erinnert, von dem Rudolf Steiner sagt, er habe an den Sinneswahrnehmungen und alltäglichen Denkgewohnheiten so stark festgehalten, daß er nicht imstande war, die geistige Welt in ihrer wahren Gestalt zu erfassen.[108] Denselben Einwand erhebt er auch gegen die Spiritisten, deren möblierte «geistige» Räume sich nur durch ihr Poltern von der Alltagswelt unterscheiden. – Solche Züge prägen in der Tat viele Berichte von Erlebnissen an der Todesschwelle; sehr häufig tauchen da ausführliche Schilderungen von Wiesen, Bächen und Blumen unter sonnigem Himmel auf. Es sei hier zur Erklärung noch einmal auf den Gegensatz zwischen dem geistig-gesetzmäßigen Zustand des Astralleibes im nicht-verkörperten Dasein und der ihm nicht ganz wesensgemäßen sinnlichen Färbung hingewiesen, die er während der Verkörperung in der physisch-ätherischen Welt bekommt (S. 49).

Zunächst scheint dieser Einwand auch gegenüber George Ritchies Darstellung berechtigt. Bei näherem Zusehen stellt man jedoch fest, daß da noch etwas ganz anderes vorliegt. Ritchie berichtet nämlich im letzten Kapitel seines Buches von einem Ereignis, das seine Erzählung in ein anderes Licht rückt. Neun Jahre nach seinen Erlebnissen, 1952, fand er beim Blättern in der Zeitschrift *Life* die «Zeichnung einer gigantischen kugelförmigen Konstruktion mit einem Querschnitt, der Menschen und Maschinen in ihrem Inneren darstellte. Eine Art fahrbarer Kran war an Stahlträgern befestigt, Turbinen, ein gewaltiges rundes Becken, Treppen, ‹Katzengänge›, in einer Ecke unten ein kleiner Kontrollraum». Es war die Skizze des zweiten durch Atomkraft angetriebenen U-Bootes der USA und des Ortes, wo es im Entstehen war, eines Kugelgebäudes in Schenectady im Staate New York. Wie ein Blitz durchfuhr es ihn: Das war nichts anderes als die merkwürdige Konstruktion, an der die «Mönche» der übersinnlichen Universität gearbeitet hatten. George Ritchie hatte eine bestimmte Region des Geisterlandes oder Devachans geschaut, die Region, in der sämtliche auf Erden verwirklichten Erfindungen der Menschen ihren Ursprung haben. Rudolf Steiner schreibt dazu:

«Durch ihn (den Menschen) sind in der Welt die Schöpfungen der Künste und Wissenschaften, der Technik, des Staates und so weiter, kurz alles das, was er als originale Werke seines Geistes der Welt einverleibt. Zu alledem wären, ohne sein Zutun, keine physischen Abbilder in der Welt vorhanden. Die Urbilder nun zu diesen rein menschlichen Schöpfungen finden sich in der vierten Region des ‹Geisterlandes›.»[109]

«Region» bezeichnet selbstverständlich in diesem Zusammenhang nicht einen Raum, wie wir ihn von den irdischen Verhältnissen her gewohnt sind, sondern einen inneren Zustand, für den Begriffe der Sinneswelt nur vergleichsweise herangezogen werden können. «Der Mensch», sagt Rudolf Steiner, «erlebt sich in einer neuen Region nicht deswegen, weil er sie in irgendeiner Form äußerlich ‹betreten› hat, sondern weil er in sich die inneren Fähigkeiten erlangt hat, das wahrzunehmen, innerhalb dessen er vorher unwahrnehmend war.»[110]

Ganz im Einklang damit steht George Ritchies Erfahrung, die er immer wieder hervorhebt, daß er nämlich im Übergang von einer Region des Übersinnlichen in eine andere nur in die Lage versetzt wurde, «das zu sehen, was anscheinend schon immer da war».[111] Es ist frappierend zu sehen, wie er auch in diesem Zusammenhang fast die gleiche Wortwahl trifft wie Rudolf Steiner. Dessen Schilderung unterscheidet sich nur darin, daß sie in eine erklärende Charakterisierung der Regionen oder Zustände mündet, in denen sich die menschliche Seele zwischen dem Tod und einer neuen Geburt befindet. Ergänzend zu dieser Charakterisierung wies er öfter darauf hin, daß die geistige Erkenntnis immer eine Berührung mit den im Nachtodlichen beziehungsweise Vorgeburtlichen waltenden schöpferischen Kräften bedeutet. Er stellte fest, daß «die Pforte der Einweihung», das Tor zu den höheren Stufen des Bewußtseins, stets der Pforte des Todes gleich gewesen ist. So war es in den drei Tagen des Tempelschlafes bei den alten ägyptischen Mysterien; so war es bei der Erweckung des Lazarus; und so ist es bei jeder neuen übersinnlichen Erkenntnis.[112]

Wie die ätherische und die astralische Welt durchdringt auch die geistige Welt das natürliche Erdendasein und kommt darin zur Offenbarung. Sie durchdringt auch uns, und wir sind in jedem Augenblick unseres Lebens in sie eingetaucht. Zwei Menschen, die miteinander befreundet sind, auch wenn sie auf verschiedenen Kontinenten leben, sind sich in dieser Wirklichkeit näher als zwei einander fremde Fahrgäste im selben Bus. Es wird hier, wo an die Stelle räumlicher Verhältnisse mit all ihrem Trennenden und Vereinzelnden gegenseitige Durchdringung und Wechselwirkung treten, ganz besonders deutlich, wie anders die der geistigen Welt angemessenen Begriffe sind und zu welchen Täuschungen und Irrtümern es führen muß, wenn man an der physischen Welt gewonnene Begriffe einfach auf die nicht-physischen Welten überträgt.

Imaginative Baukunst

«Jetzt dagegen schien es, als hätten wir die Erde hinter uns gelassen. Ich konnte sie nicht mehr sehen. Dagegen waren wir jetzt anscheinend in einem unermeßlichen Nichts ... Ein ungenanntes Versprechen schien durch die ungeheure Leere zu vibrieren.

Und dann sah ich, unendlich weit entfernt, viel zu weit, um auf irgendeine Weise, meiner Kenntnis nach, gesehen zu werden – eine Stadt. Eine strahlende, unendlich scheinende Stadt, hell genug, um über die unvorstellbare Entfernung gesehen zu werden. Der Glanz schien von den Mauern und Straßen auszugehen und von den Wesen, die ich nun in ihrer Bewegung erkennen konnte. In der Tat, die Stadt und alles in ihr schien aus diesem Licht geschaffen zu sein, genau wie die Person neben mir aus Licht geschaffen war ... Ich konnte nur in Ehrfurcht zu diesem entfernten Schauspiel hinübersehen.»

Einen Augenblick lang schaut George Ritchie – in einem «Raum-Bild» – das, was in ferner Zukunft einmal sein wird und in dieser höchsten Region des Geisterlandes bereits Gegenwart ist, auf sich zukommen. Dabei fällt auf, daß es Bilder der mineralischen Welt sind, in denen dieses Reich geschildert wird. Dieser Aspekt von George Ritchies «Odyssee» wird durch die Geisteswissenschaft auf besondere Weise erhellt. Rudolf Steiner wies darauf hin, daß Visionen der Pflanzenwelt (wie sie sonst so häufig bei Erlebnissen an der Todesschwelle auftreten) Ausdruck einer atavistischen Hellsichtigkeit sind; man findet sie überall in der alten Kunst, bei den Kelten wie auch bei anderen Völkern des Altertums. Imaginationen von Bauwerken und Edelsteinen hingegen kennzeichnen die Entwicklung in die Zukunft hinein.

Rudolf Steiner sieht in dieser Vorstellungsart Urbilder der Entwicklung der menschlichen Gestalt. Er betont, daß bereits die Arche Noah ein solches Urbild ist. Ihre Maße – 300 Ellen lang, 50 Ellen breit und 30 Ellen hoch – geben zugleich die Verhältnisse der gegenwärtigen physischen Menschengestalt wieder. Diese ist heute die höchste, vollendetste Schöpfung der Götter und dennoch nur eine Vorstufe auf dem Weg zu ihrer künftigen Bestimmung.[113] Die Offenbarung des Johannes deutet diese Entwicklung im Bild des Neuen Jerusalem an. Wenn George Ritchie in der Ferne die glänzende, aus sich heraus leuchtende Stadt erblickt, so scheint er die gleiche Region schöpferischer Kräfte zu schauen, in der auch die Urbilder des Neuen Jerusalem ihren Ursprung haben.

In den von Rudolf Steiner entworfenen Glasfenstern des Goetheanum in Dornach wird dieses künftige Geschehen in imaginativen Bildern veranschaulicht. Unter dem pfirsichblütenen Fenster im Süden (Abb. 5) findet man die Worte: «Ich schaue den Bau – Die Welt baut – Und der Bau wird Mensch.» Die Alltagserfahrung versagt, wenn man sich in die Bildsprache dieser Fenster hineinleben will; es ist, als trete man mit einem Schritt aus einem dunklen in einen hell erleuchteten Raum, die Augen gewöhnen sich erst nach und nach an die neue Umgebung.

In der Bildsprache des pfirsichblütenen Fensters künden links die

Totenschädel von den todbringenden Wirkungen des alltäglichen Bewußtseins, die den schlafenden, den Erdenkräften verfallenen Menschen daran hindern, den Tempel zu betreten. Im Mittelteil werden die Kräfte des Schlafes und des Todes aber gemildert und wandlungsfähig gemacht. Über dem in meditativer Haltung sitzenden Menschen leuchtet die Sonne seines werdenden Ich auf, eine Gestalt neigt sich über ihn, deren Hauptesbildung in eine Mondenschale übergeht, bereit, die Sterne aufzunehmen: Bild des Astralleibes, in den die göttlichen Hierarchien hereinwirken. Durch deren Hilfe kann, auf dem rechten Teil, der Bau, der sich in ein großes, ernstes Menschenantlitz verwandelt hat, den erwachten, nun aufrecht stehenden Menschen aufnehmen: Der Mensch wird Bau.*

* Der Inhalt dieses Bildes entzieht sich einer rein intellektuellen Betrachtung: Selbstverständlich hat es keinen Sinn, davon zu sprechen, daß der Mensch ein Bauwerk sei. Doch läßt sich etwas von diesem Inhalt in Worten andeuten. Das Ich, das durch seine Arbeit am Ätherleib die Verstandesseele, das Gewebe der Gedankenwelt des Intellekts, ziemlich widerstandslos entfaltet, erstreckt seine Tätigkeit andeutungsweise auch unmittelbar auf den Körper. Die moralische Gesinnung des Menschen kommt so unter anderem durch die Nuancen der Schamröte oder Angstblässe in der Physis zum Ausdruck. Rudolf Steiner charakterisiert die zugrundeliegende seelische Verfassung als die Bewußtseins- oder Willensseele und weist darauf hin, daß die künftige Menschheitsentwicklung eng mit ihr verbunden ist. Die Verstandesseele schaut gleichsam von außen den Gedanken zu und setzt sie in Bewegung, ohne deren treibender Kraft gewahr zu werden, während die Bewußtseinsseele die Aufgabe hat, innerhalb der Gedanken aufzuwachen. Die Verstandesseele schläft noch in den Kräften des Lebendigen, in der Pflanzenwelt, während die Bewußtseinsseele an der Physis allmählich erwacht. Im leibfreien Zustand erschaut die Verstandesseele daher die Bildekräfte des Lebendigen und kleidet diese in Erinnerungsvorstellungen von der Pflanzenwelt. Schwerer fällt es dem Ich, durch die Bewußtseinsseele in dem geistigen Element des Mineralischen zu erwachen. Dementsprechend kommen an der Todesschwelle Vorstellungen von Wiesen und Wäldern häufiger vor als Vorstellungen von Steinen und Tempeln.

Abb. 5: Pfirsichblütenes Glasfenster im Süden.
Goetheanum in Dornach, Schweiz

Mit dem Erblicken des Neuen Jerusalem in unendlicher Ferne erreicht George Ritchie die Grenze seines Erlebens in der Region der schöpferischen Gedanken. Dann schließen sich die Wände des kleinen Lazarettraumes um ihn, und er erkennt seine eigene Gestalt auf dem Bett liegen. Noch verweilt der Genius seiner Geist-Reise eine Weile bei ihm; aber von den letzten Worten, die der Christus zu ihm gesprochen hat, berichtet George Ritchie nur, daß er sie gegenüber anderen ausdrücklich nicht wiederholen dürfe.

Auch dies ist ein Kennzeichen des wahren geistigen Erlebens. Rudolf Steiner betont in seinem Aufsatz über *Die Chymische Hochzeit des Christian Rosenkreutz*, daß das Fehlen der «zwei quart Blättlein» am Schluß, wo der Leser den Übergang von den letzten Erlebnissen zu dem Sich-wieder-Finden in der gewohnten Umgebung erwarten würde, keineswegs zufällig ist. Denn «der Empfang des Erlebten durch den gewöhnlichen Menschen … ist etwas ganz Persönliches, ist auch bei jedem Menschen ein anderer und kann von niemandem in gleichem Sinne verstanden werden wie von dem Erleber».[114]

Der Mensch schaut und erlebt nur, was die Götter ihm zu zeigen gewillt sind. Ob es zu einer Einweihung in einem bestimmten Leben kommt, hängt von den Aufgaben und Bedürfnissen der fortschrittlichen geistigen Mächte ab. Manchmal empfängt sie der Mensch nach jahrelanger Schulung, manchmal wird sie ihm als Schicksalseinweihung zuteil. Denn für viele Menschen stellt bereits das gewöhnliche Leben eine Geheimschule dar, indem schon die Proben, die jeder in seinem Leben aufgefordert ist zu bestehen und die beispielsweise Selbstbeherrschung, sichere Urteilskraft und Geistesgegenwart verlangen, eine initiatorische Wirkung haben. Solche Prüfungen schließen einen neuen Sinn für das Leben auf und erwecken ein gesteigertes Vertrauen in das Leben.[115] Dementsprechend belegen die Forschungen von Michael Sabom, Kenneth Ring, Raymond Moody und anderen grundsätzlich bleibende Veränderungen des Lebens als Hauptmerkmal und wesentlichen Wert dieser Erfahrung. Kenneth Ring stellte fest, daß alle Personen, die das Todesschwellen-Erlebnis durchgemacht hatten, sich danach intensiver für das Leben interessierten und sich stärker an der Natur freuen konnten. Sie machten sich weniger Sorgen um die bloß materiellen Aspekte des Lebens, wurden selbstsicherer und zielbewußter, toleranter und mitleidend mit anderen. Sie halfen gerne, hatten kontemplative Beschäftigungen und schöpften viel aus den Stunden, die sie alleine verbrachten.[116] Vor allem aber sind diese Menschen besonders empfänglich für die moralisch-geistigen Werte des Lebens und – wie schon erwähnt – nicht geneigt, Sektierer zu werden.[117] Auch Rudolf Steiner hebt hervor, daß der Christus da nicht anwesend ist, wo eine Gruppe versucht, andere zu beeinflussen, zu verurteilen oder in anderer Form durch ihren Willen zu unterdrücken.[118] Und in einem Gespräch mit dem Autor meinte George Ritchie, daß gerade diese Tendenz nicht selten die traditionellen Kirchen auf tragische Weise zu Feinden der Christus-Liebe macht. Dagegen tragen die Erlebnisse an der Todesschwelle überall in der Welt das Gepräge einer die ganze Welt umspannenden Toleranz.

Letzlich stehen alle durch Erlebnisse an der Todesschwelle bewirkten Lebensveränderungen unter dem Zeichen eines Friedens, der sich allen Begriffen entzieht, des «Friedens Gottes, welcher höher ist als alle Vernunft» (Phil. 4,7) und der das Leben des Paulus mit Seelenfreude erfüllte.

Abschluß

George Ritchie heute

George Ritchie fragt sich, ob er nicht während der neun Minuten seines Erlebnisses an der Todesschwelle neu geboren worden sei. Wer ihn kennenlernt, wird davon überzeugt. Es wurde ihm ein neues Leben geschenkt, das er seitdem weitgehend in den Dienst seines Genius, seines Engels, gestellt hat. Vielfach hat er, aus seiner Christus-Begegnung schöpfend, eine heilende Kraft in die soziale Sphäre getragen: in seiner Arbeit mit Jugendlichen, in seiner Praxis als Psychiater, durch sein Buch, das in dreizehn Sprachen übersetzt worden ist, durch die Vorträge, die er in vielen Ländern hält.

Rudolf Steiner und die Anthroposophie

Auch Rudolf Steiner erlebte eine Christus-Begegnung, wenn auch nicht unter lebensbedrohenden Umständen. Im 26. Kapitel seiner Autobiographie *Mein Lebensgang* schildert er, wie um die Jahrhundertwende sich eine Anschauung der wahren Gestalt des Christentums vor seiner Seele entfaltete; er stand seit jener Zeit seines Lebens «vor dem Mysterium von Golgatha in innerster ernstester Erkenntnis-Feier».[119] Jahrzehnte später schuf er aus Holz eine Plastik des Christus, wie er ihn schaute und erlebte (Abb. 6).

Wie George Ritchie beschreibt auch Rudolf Steiner diese Begegnung als eine Wiedergeburt der Seele. Eine neue Welt schloß sich ihm in der Folge auf. Von der Jahrhundertwende bis zu seinem Tod im Frühjahr 1925 entfaltete er eine immer reichere ganzheitliche Anschauung des Geistes, vorzüglich durch die Beziehung zu einem

Abb. 6: Holzplastik von Rudolf Steiner.
Goetheanum in Dornach, Schweiz

Engelwesen, das er den Erzengel Michael nennt. (Man erinnert sich an George Ritchies Beobachtung, daß allen Menschen Engelwesen beistehen, für deren Sprache wir freilich nur allzuoft taub sind. Goethe hat recht, wenn er Faust sagen läßt, daß unser Sinn verschlossen und unser Herz tot sei.[120]) Erst aus dem, was Menschen an Wissenschaft, Kunst und moralischen Taten dieser hohen Wesenheit entgegenbringen, läßt sich in unserem Zeitalter eine Wissenschaft des Geistes gestalten. Rudolf Steiner fand in Michael den fortschrittlichen Zeitgeist, den Förderer eines geistigen Schauens, das sich nicht in mystischen Unklarheiten und Verschwommenheiten ergeht, sondern Träger eines Impulses wird, der seine Wurzeln in den Boden der gegenwärtigen materiellen, ökonomischen, künstlerischen und religiösen Bedürfnisse schlägt. So sehen wir, wie die durch Rudolf Steiner begründete Anthroposophie in viele Lebensbereiche befruchtend hineingewirkt hat und hineinwirkt.

Es bleibt noch die Frage, ob eine solche Erneuerung des Geistes im Leben anzustreben wirklich notwendig sei, wenn doch durch die Erlebnisse an der Todesschwelle oder den Tod selbst eine geistige Umwandlung sowieso stattfindet. Rudolf Steiners Antwort geht aus seiner Anschauung von Reinkarnation und Karma hervor. Er weist darauf hin, daß die Begegnung mit dem Christus entweder Folge einer in diesem oder in vergangenen Leben geknüpften Freundschaft mit dem Christus ist oder eine Gnade, durch die zu einem bestimmten Zeitpunkt und an einem bestimmten Ort eine Offenbarung seines gegenwärtigen Wirkens unter den Menschen möglich wird. Viele begegnen daher an der Todesschwelle weder dem Christus noch einem Engel wie Michael, noch, in besonders tragischen Fällen, den Seelen, mit denen sie im Leben einen gemeinsamen Weg gegangen sind; denn sie sind im Leben an den kostbaren Gelegenheiten vorbeigehetzt, wo sie solche Bande hätten knüpfen können.

Drei Aspekte der Erlebnisse an der Todesschwelle stimmen mit Rudolf Steiners Schilderungen in besonderem Maße überein:

Erstens: Viele Überlebende berichten, sie seien zu der Überzeugung gelangt, die wichtigsten Aufgaben ihres Lebens beinahe verschlafen zu haben, und entwickeln nach dem entscheidenden Erlebnis ein waches Interesse dafür. «Was hast du aus deinem Leben gemacht, das du mir reichen willst?» – diese Frage ist in diesem Zusammenhang charakteristisch.

Zweitens: Manche Erlebnisse an der Todesschwelle bestehen im Grunde genommen nur aus Reue oder inhaltloser Qual und Haß. Man fragt sich, ob es sich dabei nicht um ein vorwegnehmendes Erleben dessen handelt, was Rudolf Steiner als das tragische Schicksal vieler Seelen beschreibt.

Drittens: Viele Erlebnisse folgen so sehr dem Muster von Alltagserfahrungen, daß ihre Bilderwelt häufig bloß aus Wiesen und Häusern oder sogar nur aus den öden Straßen einer wirklichen Großstadt samt ihren summenden Straßenlampen und ihrem Abfall besteht. Da die Vorstellungs- und Erinnerungswelt des Menschen die Buchstaben sind, derer sich die Hierarchien bedienen müssen, um sich verständlich zu machen, kommt, nach Rudolf Steiner, so sehr viel darauf an, daß die Menschen sich übersinnliche Vorstellungen bilden. Am Gegensatz zwischen den wenig lebendigen ätherischen Kräften des Ätherkopfes, die sich dem physischen Kopf weitgehend anpassen, und den lebendigen imaginativen Kräften des übrigen Ätherleibes, der nie so tief in die Leiblichkeit untertaucht, haben wir diesen Aspekt von Rudolf Steiners Schauen schon an früherer Stelle ausgeführt (S. 40).

Es war die Überzeugung Rudolf Steiners, nur eine Erneuerung des Seelenlebens könne verhindern, daß in der Ära des technischen Fortschritts und der Marktwirtschaft die Seele nach und nach verödet und abstirbt, auch in der geistigen Welt. Man sieht seine Befürchtungen bestätigt, wenn man manche neueren sogenannten Schilderungen der geistigen Welt betrachtet, etwa Robert Monroes außerkörperliche Erfahrungen. Monroe schildert zwar eine leibfreie Welt, aber diese entpuppt sich als ein Schrotthaufen unter summenden Straßenlampen, als ein gespenstisches untersinnliches Etwas, das Monroe abwechselnd unterhält und quält.[121]

Schließlich muß betont werden, daß das Menschenbild der Anthroposophie unvollständig bleibt, solange der Blick nur auf ein Weiterleben über Sterben und Tod hinaus gerichtet wird. Denn offensichtlich ermöglicht ein nachtodliches leibfreies Dasein auch ein vorgeburtliches. Das Sich-Ankündigen ungeborener Seelen, dessen Urbild – die Verkündigung des Engels an Maria – Maler des Mittelalters so innig dargestellt haben, weckt erneut Staunen und Ehrfurcht, wenn wir an die Erzählungen vieler Mütter denken, denen das die Erdenwelt betretende Menschenwesen sich in Träumen zeigte.[122]

Schon die Absicht, sich den Dingen und Ereignissen des Lebens mit solchen Fragestellungen zu nähern, öffnet das Auge für Erscheinungen, die einem bisher ganz entgangen sind, weil man keinen Gedanken für sie hatte. Zur Fragwürdigkeit des Selbstmordes tritt nun die des Schwangerschaftsabbruches und der Empfängnisverhütung hinzu. Welche Verantwortung übernehmen wir als ganze Gesellschaft in den Labors, in denen Genmanipulationen vorgenommen werden? Welche Folgen hat die eigenmächtige Bestimmung des Geschlechts und anderer, noch feinerer vererblicher Eigenschaften des neuen kleinen Menschen? Wo hört die Bestimmungsgewalt der Eltern auf, wo fängt das Schicksal der sich verkörpernden Seele an?

Der Intellekt sieht in all dem vielleicht nichts weiter als ein unverbindliches Spiel mit Möglichkeiten und schließt, solche Anschauungen bedeuteten nicht mehr, als daß unter bestimmten physiologischen Bedingungen manche träumen, andere dagegen nicht. Damit kehren wir zur Grundfrage zurück, von der wir ausgegangen sind: Ist der Geist eine Phantasmagorie neurophysiologischer Prozesse, oder sind diese das Instrument des Geistes?

Zum Ausklang unserer Betrachtungen kann vielleicht eine schlüssige Antwort auf diese Frage gegeben werden. Sowohl die Beobachtungen, die Michael Sabom an Patienten mit außerkörperlichen Erfahrungen machte, als auch die Schilderungen Rudolf Steiners vom Äther- oder Lebensleib deuten darauf hin, daß in der Tat neurophysiologische Vorgänge Instrumente sind, deren der Geist bedarf, um im Körper anwesend zu sein und wirken zu können. Es ist kennzeichnend für eine bestimmte Haltung heutiger Philosophen, daß sie schnell geneigt sind, ein solches Verständnis von Leib und Seele unter der Rubrik «Schattenmenschtheorie» einzustufen.[123] Daß die Seele immaterieller Substanz ist und daher auch unabhängig vom

Körper ein Sein hat, wird nach dieser Theorie als eine Taschenspielerei der Gedanken abgelehnt,; die Seele sei gerade nicht-substantiell genug gedacht, daß sie nicht sinnlich wahrnehmbar sein muß, um existieren zu können, doch substantiell genug, den Verlust des Körpers zu überstehen.

Die dieser Kritik zugrundeliegende, aber unausgesprochene Prämisse ist bald entdeckt: Was ist und wahrnehmen kann, muß dementsprechend selbst ein wahrnehmbares Dasein haben. Dieser Satz ist richtig, wenn er alle als möglich denkbaren Erfahrungs- und Wahrnehmungsbereiche umfaßt. Er erweist sich sofort als unhaltbar, wenn unter Wahrnehmung nur die durch die Sinnesorgane vermittelte Wahrnehmung verstanden wird und alles, was darüber hinausgeht, von vornherein als nicht-existent gilt. Michael Sabom wies gerade in diesem Zusammenhang mit Recht darauf hin, daß auch die Wissenschaft ihre Dogmen hat, die sich den Erfahrungstatsachen hartnäckig widersetzen. Der produktive Wissenschaftler hingegen ist stets bereit, seine früheren Interpretationen preiszugeben, und imstande, die Dinge neu und ungetrübt von Vor-Urteilen anzuschauen. Diese Haltung hat die großen Forscher und Entdecker von Galilei bis Einstein ausgezeichnet.

Die Allgemeinverständlichkeit geisteswissenschaftlicher Beobachtungen

Wir gingen in unserer Studie von Rudolf Steiners Aufforderung aus, die Mitteilungen der Geisteswissenschaft an der eigenen wissenschaftlichen Erkenntnis und Lebenserfahrung zu prüfen. Zu welchem Ergebnis sind wir gekommen? Von drei verschiedenen Seiten aus soll versucht werden, diese Frage zu beantworten.

Was den Wahrnehmungs*inhalt* als solchen angeht, sagen die Übereinstimmungen zwischen den Darstellungen Rudolf Steiners und denen George Ritchies nur Ungenaues aus, wenn man nicht zugleich die erkenntnistheoretischen Grundlagen ihrer Entstehung betrachtet. Zwar führt uns die seltsamste Übereinstimmung – die Teilung des Lichtkokons des Hauptes in zwei Lappen – in die Tiefe des Rätsels hinein; doch wird sie der Wissenschaftler nicht als ausreichenden Beweis für die Existenz einer geistigen Welt gelten lassen, und dies mit Recht. Denn es ist durchaus denkbar, daß dieser Ähnlichkeit beiden Beobachtern gemeinsame Bedingungen des menschlichen Nervensystems zugrunde liegen. Die Teilung der Lichtgestalt des Hauptes kann die Vermutung nahelegen, man habe es hier mit einer Vorstellung der zwei Hemisphären des Gehirns zu tun. In der Tat weist Rudolf Steiner ja darauf hin, daß jedem physischen Organ des Körpers ein unsichtbares ätherisches Organ im Ätherleib entspricht. Offensichtlich ist damit aber nichts entschieden. Viele Wissenschaftler erkennen eine Welt des Geistes, wie sie Rudolf Steiner beschreibt, nicht an. Das Problem besteht also darin, daß ein Vergleich der Wahrnehmungsbilder als solcher keinen Anhaltspunkt bietet für eine Lösung der Frage, in welcher Beziehung die Bilder der Erfahrung überhaupt zu den physischen Gegenständen der Erfahrung stehen.

Subtiler wird die Sachlage, wenn es um *begrifflich gesetzmäßige Übereinstimmungen* der Erfahrungen geht. Daß Rudolf Steiner und George Ritchie zum Beispiel beide durchgängig berichten, der Lichtkokon umrahme nur Lebewesen, niemals leblose Dinge, bürgt für die Gesetzmäßigkeit der geistigen Welt, wie Naturgesetze für die Gesetzmäßigkeit der Naturwelt bürgen. Dieses Prinzip trifft auch auf die Teilung des Lichtkokons am Haupt zu, denn nur bei beschädigten, niemals bei gesunden Menschen unter alltäglichen Bedingungen berichten Rudolf Steiner und George Ritchie von diesem Vorgang. Diese Art der Übereinstimmung oder Bestätigung der Erfahrungen beruht auf bestimmten Eigenheiten nicht sinnlich wahrnehmbarer Zustände der beobachteten Objekte und läßt sich daher nicht auf allgemeine physiologische Gemeinsamkeiten der Betrachter zurückführen.

Eine dritte Art, die Wahrheiten der Geisteswissenschaft Rudolf Steiners zu bestätigen, kann nun überhaupt nicht mehr durch die passive Gestalt von Daten übermittelt werden. Hier kommt es auf einen miterlebenden, mitschöpferischen Sinn an, der selbst Substanz des Inhalts ist. Entweder man lehnt ab, daß das Urteilsvermögen ohne Bruch in den direkt-intuitiven ästhetischen und moralischen Blick übergeht, oder man tut nur so, als ob die Entweder-oder-Kategorien des Intellekts doch noch reichten.

Wir haben schon darauf hingewiesen (S. 77), daß mehr als das bloß analytische Denken notwendig ist, um ein Meisterwerk von Leonardo da Vinci zu begreifen oder um einzusehen, daß Treulosigkeit abscheulich ist. Diesen Unterschied erleben wir auch in dem Augenblick, da wir für die majestätische Erscheinung einer Eiche empfänglich werden – oder die künstlichen Tonimitate aus den Lautsprechern uns kalt lassen. Die Steine im Steingarten eines Zen-Klosters haben die gleichen physikalischen Eigenschaften wie die Steine auf einer Parkhausbaustelle; und doch sind sie grundsätzlich anders. Genausowenig wie es jemals ein Handbuch für die Erschaffung musikalischer Einfälle wie Mozarts oder wissenschaftlicher Entdeckungen wie Galileis geben wird, genausowenig wird es jemals ein Handbuch geben, das einem Misanthropen die Freude der Bruderliebe schenkt. Aus dieser Substanz bildet sich die Welt des Geistes. Was es überhaupt bedeutet, sich selbst als ein Ich zu erleben, den eigenen Denkwillen in Gang zu setzen, gehört auch hierher.

Wenn man bei bloß theoretischen Betrachtungen stehenbleibt, wird man immer Argumente finden können, die für, und andere, die gegen die Existenz einer geistigen Welt sprechen; nichts ist hier mit absoluter Sicherheit zu beweisen; verteidigen oder ablehnen darf man das eine wie das andere. Im Bereich der lebendigen Ideale dagegen fällt die Entscheidung wie von selbst – oder aber gar nicht. Was in der Welt des Neben- und Nacheinander Bestätigung war, ist in diesem Bereich Miterleben des lebendigen Jetzt – oder nichts. Treffend charakterisierte daher Rudolf Steiner die Entwicklung des *Wahrheitssinnes* als einen Prozeß, der sich an der Vertiefung der Erfahrung durch die geisteswissenschaftliche Erkenntniskraft entzündet. Die Evidenz und Durchsichtigkeit der Erkenntnis selbst öffnen die Tür zu einem innerlich regen, schöpferischen Bereich des Denkens. Und indem man in diesem Bereich zur Einsicht kommt, spürt man, daß die Erkenntniskräfte selbst eine Verwandlung durchmachen, so daß man sich auf einer neuen Ebene des Anschauens findet.

Es geht in den subtileren Bereichen dieses Anschauens viel eher um die spezifischen Gaben des Künstlers und des Erfinders als um die des Philosophen; es geht um den genauen, unvoreingenommenen Blick, der in der wahrgenommenen Welt ruht und jeder Einzelheit freudig lauscht. Das Leben stellt uns bei jeder Wahrnehmung und jeder Erfahrung, die wir machen, vor seine Rätsel. Indem wir sie erleben, erleben wir zugleich das Rätsel unseres eigenen Wesens. Den höheren Sinn zu entwickeln und der Lösung des Rätsels näher zu kommen, dazu können uns gerade die Erkenntnisse verhelfen, die wir an der Beleuchtung der Geschichte George Ritchies durch die Geisteswissenschaft Rudolf Steiners machten.

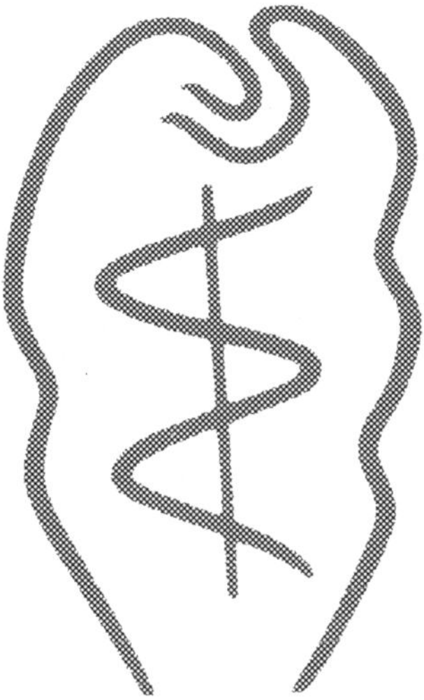

Sie haben es
vielleicht schon
unzählige Male
gesehen.

Aber haben Sie auch
einmal darüber
nachgedacht?

Anmerkungen

1 Raymond Moody, *Life After Life*, Atlanta/Georgia 1975. Deutsche Ausgabe: *Leben nach dem Tod*. Reinbek bei Hamburg 1977.
2 Kenneth Ring, *Life at Death*. New York 1980.
3 Carol Zaleski, *Otherworld Journeys*. New York 1987, S. 106.
4 Zaleski, S. 105.
5 Michael Sabom, *Recollections of Death*. New York 1982. Deutsche Ausgabe: *Erinnerungen an den Tod – Eine medizinische Untersuchung*. München 1986.
6 Sabom, S. 42.
7 Zum gegenwärtigen Stand der Forschung siehe Terry K. Basforth, *The Near Death Experience: An Annotated Bibliography* (New York 1990) und im Anhang von Carol Zaleski, *Otherworld Journeys*, S. 257 – 266. Die Studie über Erlebnisse an der Todesschwelle von Kindern, *Closer To The Light*, von Melvin Morse (New York 1990) ist eine wichtige Neuerscheinung.
8 Wilder Penfield, *The Mystery of the Mind*. Princeton 1975.
9 Sabom, S. 174.
10 Siehe u.a. Sabom S. 174, 169.
11 Wilder Penfield und Theodore Rasmussen, *The Cerebral Cortex of Man*. New York 1950.
12 M. Morse, P. Castillo, D. Venecia, et al., «Childhood Near-Death Experiences». In: *American Journal of Diseases of Children*, 140 (1986), S. 1110 – 1113.
13 M. Morse, *Closer To The Light*. New York 1990, S. 109.
14 A.a.O., S. 105.
15 E. Rodin, «The Reality of Death Experiences: A Personal Perspective». In: *Journal of Nervous and Mental Disease*, 1980, S. 168 – 269.
16 Siehe u.a. Zaleski, S. 166. Eine präzis formulierte und auch für den Laien lesenswerte Darstellung der Rolle des limbischen Systems in der alltäglichen Erfahrung gibt Carl Sagan, *The Dragons of Eden*, Kap. III. New York 1977.

17 Stanislav Grof und Joan Halifax, *The Human Encounter with Death.* New York 1977, S. 185.
18 Grof u. Halifax, S. 184.
19 Siehe u.a. Stanislav Grof, *The Human Encounter with Death.*
20 Michael Sabom belegt in *Recollections of Death* auf S. 178 die folgenden Daten: pO_2 = 138, pCO_2 = 28, pH = 7,46.
21 L. J. Meduna, «The Effect of Carbon Dioxide upon the Functions of the Brain». In: *Carbon Dioxide Therapy,* Springfield/Illinois 1950, S. 23, 24, 28.
22 Sabom, S. 104, 178.
23 R. K. Siegel, «Hallucinations». In: *Scientific American,* Oktober 1977, S. 132 – 140.
24 Sabom, S. 104, 112.
25 Siehe u.a. Sabom, S. 169.
26 Grof u. Halifax, S. 185.
27 R. K. Siegel, a.a.O., S. 132.
28 L. J. Meduna, a.a.O.
29 Siehe hierzu Zaleski, Kap. X.
30 Sabom, S. 171 – 173.
31 Sabom, S. 115.
32 Sabom, S. 104.
33 Sabom, S. 115.
34 Raymond Moody, *The Light Beyond.* New York 1988, S. 136. Deutsche Ausgabe: *Das Licht von drüben. Neue Fragen und Antworten.* Reinbek bei Hamburg 1989.
35 Sabom, S. 154.
36 W. Penfield, *The Mystery of the Mind,* S. 48, 85.
37 Albert Einstein, *The Human Side,* hrsg. von Helen Dokas u. Banesh Hoffmann. Princeton/New Jersey 1970, S. 33.
38 Sabom, S. 186.
39 Siehe hierzu u.a. Rudolf Steiner, *Vor dem Tore der Theosophie.* GA 95, Vortrag vom 24. August 1906.
40 «Steckt nun der Ätherkörper in dem physischen Körper fest, wie dies beim gewöhnlichen Menschen der Fall ist, dann können seine Vibrationen nicht genügend auf das Gehirn wirken und dem Menschen zum Bewußtsein kommen, weil der physische Leib mit seinen gröberen Schwingungen sie gleichsam zudeckt.»

Rudolf Steiner, *Vor dem Tore der Theosophie.* GA 95, Vortrag vom 24. August 1906.

41 Ebenda.

42 Rudolf Steiner, *Anthroposophische Leitsätze.* GA 26, Leitsätze Nr. 32 bis 34.

43 «Es kann sogar vorkommen», schreibt er, «daß ein Forscher, der auf übersinnlichen Gebieten wahrzunehmen vermag, sich Irrtümern in der logischen Darstellung hingibt, und daß einen solchen dann jemand verbessern kann, der gar nicht übersinnlich wahrnimmt, wohl aber die Fähigkeit eines gesunden Denkens hat.» Rudolf Steiner, *Die Geheimwissenschaft im Umriß.* Kapitel: Die Weltentwicklung und der Mensch. GA 13.

44 Sabom, S. 174.

45 Susan Blackmore, «Out of the Body?» In: Robert Basil (Hg.), *Not Necessarily the New Age.* Prometheus Books, Buffalo/NY 1988. S. 172.

46 Sabom, S. 170.

47 George G. Ritchie, *Return From Tomorrow.* Old Tappan/New Jersey 1978. Deutsche Ausgabe: *Rückkehr von morgen.* Übersetzt von Konrad Brandt. Marburg/Lahn 1989. (Zitate nach dieser Ausgabe)

48 Rudolf Steiner, *Anthroposophie. Eine Einführung in die anthroposophische Weltanschauung.* GA 234, Vortrag vom 2. Februar 1924.

49 Rudolf Steiner, *Die Schwelle der geistigen Welt.* Kapitel: Von dem astralischen Leibe und von luziferischen Wesenheiten. Von dem Wesen des ätherischen Leibes. GA 17.

50 Hierin findet man möglicherweise eine Erklärung dafür, in welchem Sinn außerkörperliche Erfahrungen wie die von Alfred Lischka, Werner Zurfluh oder Robert Monroe abwegig und schädlich sind. Man scheint bei solchen Erfahrungen bloß den Schatten des astralischen Körpers zu üben, der sich durch die passiven Gewohnheiten der Sinneserfahrung bildet, so daß dieser sich auch im körperfreien Zustand an die Sinneswelt bindet. Siehe hierzu die geisteswissenschaftliche Erläuterung von Martin Barkhoff «Außerkörperlichkeit und okkulter Materialismus». In: *Das Goetheanum,* 1985, Nr. 10 S. 68 – 70.

51 Ebenda.

52 Rudolf Steiner, *Das Geheimnis des Todes.* GA 159, Vortrag vom 17. Juni 1915. Diesen Hinweis verdanke ich Stefan Lebers Aufsatz: «Materialistische Suggestionen und Leben nach dem Tode». In: *Das Goethe-*

anum, 1989, Nr. 42, S. 358. Siehe hierzu auch Benno Wolkowicz «Das Lichtwesen in der anthroposophischen Geisteswissenschaft: Zu dem Buch Leben nach dem Tod von Dr. med. Raymond A. Moody». In: *Das Goetheanum*, 1978, Nr. 18, S. 144 ff.; Ernst Suter-Schaltenbrand «Das Lichtwesen aus der Sicht der Geisteswissenschaft». In: *Das Goetheanum*, 1989, Nr. 49 und Leserbrief dazu, 1990, Nr. 5.

53 Genauer Wortlaut: «Out of this brilliant light stepped this form of sheer light.» A.R.E. Tonband aus der Kassettenreihe der Vorträge George Ritchies.

54 Der besonders aufmerksame Leser nimmt an dieser Stelle zur Kenntnis, daß es George Ritchies letzte bewußte Absicht vor seinem Erlebnis an der Todesschwelle war, für eine Röntgenaufnahme aufzustehen, und es liegt nahe, daß diese Absicht am Anfang des Erlebnisses noch weiterwirkt. Rudolf Steiner bemerkte oft, die Menschenseele wirke selbst wie eine Naturkraft in der Landschaft des Geistes und unterscheide nicht leicht zwischen ihrem eigenen Wirken und dem Wirken von anderen in dieser Umgebung. (Die Darstellungen in Steiners Mysteriendramen veranschaulichen dies deutlich.) Die Grenze zwischen dem Zufälligen und dem Gesetzmäßigen ist in dem vorliegenden Zusammenhang fließend: An George Ritchies Wortwahl wirkt der Genius der Sprache sicher mit, indem der Wunsch, «aufrecht» vor der Gestalt des Christus zu stehen, offensichtlich zugleich ein Aufruf an den höheren moralischen Sinn des Menschen an das «Aufrichtige» ist.

55 Rudolf Steiner, *Vier Mysteriendramen.* GA 14.

56 Amy S. Genova, «The Near Death Experience». In: *McCall's*, Februar 1988, S. 103.

57 Siehe u.a. Zaleski, S. 127; vgl. auch Gunnar Hillerdal und Berndt Gustaffson, *Sie erlebten Christus.* Basel 1980.

58 Karlis Osis und Erlendur Haraldsson, *At the Hour of Death.* New York 1977, S. 3.

59 Zaleski, S. 127.

59a Kenneth Ring, *Heading toward Omega.* New York 1984, S. 87. Deutsche Ausgabe: *Den Tod erfahren, das Leben gewinnen.* Erkenntnisse und Erfahrungen von Menschen, die an der Schwelle zum Tod gestanden und überlebt haben. Bern u.a. 1985.

59b Rudolf Steiner, *Die Ätherisation des Blutes.* In: *Das esoterische*

Christentum und die geistige Führung der Menschheit. GA 130, Vortrag vom 1. Oktober 1911.

60 Rudolf Steiner, *Der übersinnliche Mensch, anthroposophisch erfaßt.* GA 231, Vortrag vom 13. November 1923.

61 Siehe z.B. *Upanishaden.* Die Geheimlehre der Inder. Düsseldorf u. Köln 1977, S. 77.

62 Rudolf Steiner, *Der Mensch im Lichte von Okkultismus, Theosophie und Philosophie.* GA 137, Vortrag vom 10. Juni 1912.

63 Elisabeth E. Goldsmith, *Ancient Pagan Symbols.* New York 1929, S. 118.

64 Siehe Amy S. Genova, «The Near Death Experience». In: *McCall's,* Februar 1988, S. 106.

65 Rudolf Steiner, *Von der Initiation. Von Ewigkeit und Augenblick.* GA 138, Vortrag vom 27. August 1912.

66 Rudolf Steiner, *Die Ätherisation des Blutes.* GA 130, Siehe Anm. 59b.

67 Rudolf Steiner, *Von Jesus zu Christus.* GA 131, Vortrag vom 7. Oktober 1911.

68 Luk. 16,17; Matth. 5,17.

69 Joh. 1,17.

70 Luk. 11,52.

71 Rudolf Eppelsheimer, *Goethes Faust. Das Drama im Doppelreich.* Stuttgart 1982, S. 251 – 253 und Literaturhinweise auf S. 386.

72 Rudolf Steiner, *Das Johannesevangelium.* GA 103, Vortrag vom 26. Mai 1908.

73 Siehe u.a. Zaleski, S. 145 – 147.

74 Rudolf Steiner, *Das esoterische Christentum und die geistige Führung der Menschheit.* GA 130, Vortrag vom 8. Februar 1912.

75 Ritchie, S. 42.

76 Rudolf Steiner, *Der Christus-Impuls und die Entwickelung des Ich-Bewußtseins.* GA 116, Vortrag vom 2. Mai 1910.

77 Rudolf Steiner, *Die Weihnachtstagung zur Begründung der Allgemeinen Anthroposophischen Gesellschaft 1923/1924.* GA 260.

78 Rudolf Steiner, *Der Christus-Impuls und die Entwickelung des Ich-Bewußtseins.* GA 116, Vortrag vom 2. Mai 1910.

79 Ebenda.

80 Rudolf Steiner, *Die Tempellegende und die Goldene Legende.* GA 93, Vortrag vom 29. Mai 1905.

81 Zur Praxis dieser Meditation siehe Rudolf Steiner, *Die Geheimwissen-*

schaft im Umriß. Kapitel: Die Erkenntnis der höheren Welten (Von der Einweihung oder Initiation). GA 13.

82 Rudolf Steiner, *Wie erlangt man Erkenntnisse der höheren Welten?* Kapitel: Leben und Tod. Der große Hüter der Schwelle. GA 10.

83 Ritchie, S. 42.

84 Rudolf Steiner, *Erfahrungen des Übersinnlichen. Die Wege der Seele zu Christus.* Ga 143, Vortrag vom 17. Dezember 1912.

85 Ritchie, S. 38.

86 Rudolf Steiner, *Erfahrungen des Übersinnlichen. Die Wege der Seele zu Christus.* GA 143, Vortrag vom 17. Dezember 1912.

87 Rudolf Steiner, *Das Ereignis der Christus-Erscheinung in der ätherischen Welt.* GA 118. Siehe hierzu auch Rudolf Bind «Die Christuserscheinung im Schnee: Eine Lebensspur Robert Walsers». In: *Das Goetheanum,* 17./24. Dezember 1989.

88 Ritchie, S.46.

89 Ritchie, S. 46 f. Der genaue Wortlaut im Englischen ist: «It parted at the very crown of his head and began peeling away from his head, his shoulders.» (S. 60 der amerikanischen Ausgabe von Fleming Revell, Old Tappan/NJ 1978).

90 Rudolf Steiner, *Vor dem Tore der Theosophie.* GA 95, Vortrag vom 24. August 1906.

91 Rudolf Steiner, *Die Pforte der Einweihung.* In: *Vier Mysteriendramen.* GA 14.

92 Rudolf Steiner, *Die Mission einzelner Volksseelen.* GA 121, Vortrag vom 17. Juni 1910.

93 Rudolf Steiner, *Die Theosophie des Rosenkreuzers.* GA 99, Vortrag vom 26. Mai 1907.

94 Rudolf Steiner, *Anthroposophische Gemeinschaftsbildung.* GA 257, Vortrag vom 30. Januar 1923.

95 Ritchie, S. 45.

96 Rudolf Steiner, *Theosophie.* Kapitel: Die Seele in der Seelenwelt nach dem Tode. GA 9. – Für Äußerungen zu dieser Frage in den Vorträgen siehe u.a. Arenson, S. 821. Ausführliche Behandlung des Themas in Maria von Nagy, *Rudolf Steiner über den Selbstmord.* Dornach 1990.

97 John Ezard Ayer, «Thoughts from the Other Side». In: *The Manchester Guardian,* 11. September 1988, S. 21.

98 Ritchie, S. 49.

99 Rudolf Steiner, *Welche Bedeutung hat die okkulte Entwickelung des Menschen für seine Hüllen und sein Selbst?* GA 145, Vortrag vom 27. März 1913.

100 Ritchie, S. 52.

101 Ritchie, S. 51f.

102 Rudolf Steiner, *Welt, Erde und Mensch.* GA 105, Vortrag vom 6. August 1908.

103 Rudolf Steiner, *Das christliche Mysterium.* GA 97, Vortrag vom 17. März 1907.

104 Joh. 14,25.

105 Rudolf Steiner, *Theosophie.* Kapitel: Die Seele in der Seelenwelt nach dem Tode. GA 9.

106 Näheres zu dieser Ausführung in Rudolf Steiner, *Die Geheimwissenschaft im Umriß,* GA 13, ergänzt durch *Okkulte Untersuchungen über das Leben zwischen Tod und neuer Geburt,* GA 140, und *Das Leben zwischen dem Tode und der neuen Geburt im Verhältnis zu den kosmischen Tatsachen,* GA 141.

107 Ritchie, S. 53ff.

108 Rudolf Steiner, *Spirituelle Seelenlehre und Weltbetrachtung.* GA 52, Vortrag vom 30. Mai 1904.

109 Rudolf Steiner, *Theosophie.* Kapitel: Der Geist im Geisterland nach dem Tode. GA 9.

110 Ebenda.

111 Ritchie, S. 53.

112 Siehe u.a. Rudolf Steiner, *Die Erkenntnis des Übersinnlichen in unserer Zeit.* GA 55, Vortrag vom 8. November 1906. Vgl. auch Carl Unger, *Schriften Band 3: Aus der Sprache der Bewußtseinsseele.* Stuttgart 1971, S. 43.

113 Rudolf Steiner, *Die Tempellegende und die Goldene Legende.* GA 93, Vortrag vom 22. Mai 1905.

114 Rudolf Steiner, «Die Chymische Hochzeit des Christian Rosenkreutz». In: *Philosophie und Anthroposophie.* Gesammelte Aufsätze 1904 – 1918. GA 35.

115 Zu diesem Aspekt der Einweihung vgl. insbesondere Rudolf Steiner, *Esoterische Betrachtungen karmischer Zusammenhänge.* GA 236, Vortrag vom 22. Juni 1924. – *Okkultes Lesen und okkultes Hören,* GA 156, Vortrag vom 3. Oktober 1914. – *Die Geheimwissenschaft im Umriß,*

Kapitel: Die Erkenntnis der höheren Welten. GA 13. – *Wie erlangt man Erkenntnisse der höheren Welten?* Kapitel: Die Einweihung. GA 10.

116 Zaleski, S. 142.

117 Siehe u.a. Zaleski, S. 145 – 147.

118 Rudolf Steiner, *Das Johannesevangelium.* GA 103, Vortrag vom 26. Mai 1908.

119 Rudolf Steiner, *Mein Lebensgang.* 26. Kapitel. GA 28.

120 Goethes *Faust,* I.Teil, 1. Szene.

121 Robert Monroe, *Journeys Out of the Body.* Garden City 1971; *Far Journeys.* Garden City 1987.

122 Dietrich Bauer, Max Hoffmeister u. Hartmut Görg, *Gespräche mit Ungeborenen: Kinder kündigen sich an.* Stuttgart 1986.

123 So Professor Anthony Flews Behandlung des Themas in seinem Essay «Immortality» in *The Encyclopedia of Philosophy*, New York 1967, Band IV, S. 139 – 150.

Literaturverzeichnis

Arenson, Adolf: *Leitfaden durch 50 Vortragszyklen Rudolf Steiners.* Stuttgart: Verlag Freies Geistesleben, 1985.

Ayer, John Ezard: «Thoughts from the Other Side». In: *The Manchester Guardian,* 11. September 1988.

Barkhoff, Martin: «Außerkörperlichkeit und okkulter Materialismus». In: *Das Goetheanum,* 1985. Nr. 10, S. 68 – 70.

Basforth, Terry K.: *The Near Death Experience. An Annotated Bibliography.* New York: Garland Publishing, 1990.

Bauer, Dietrich / Hoffmeister, Max / Görg, Hartmut: *Gespräche mit Ungeborenen. Kinder kündigen sich an.* Stuttgart: Urachhaus, 1986.

Blackmore, Susan: «Out of the Body?» In: Robert Basil (Hg.), *Not Necessarily the New Age.* Buffalo: Prometheus Books, 1988.

Einstein, Albert: *The Human Side.* Princeton/New Jersey 1970.

Eppelsheimer, Rudolf: *Goethes Faust. Das Drama im Doppelreich.* Stuttgart: Verlag Freies Geistesleben, 1982.

Flew, Anthony: «Immortality». In: *The Encyclopedia of Philosophy, Vol IV.* New York: Macmillan, 1967.

Goethe, Johann Wolfgang von: *Die Natur.* Fragment. In: *Goethes Werke.* II. Abteilung, 11. Band, S. 5 – 9. (Weimarer Ausgabe).

Goldsmith, Elisabeth, E.: *Ancient Pagan Symbols.* New York: G. P. Putnam, 1929.

Genova, Amy: «The Near Death Experience». In: *Mc Call's,* Februar 1988.

Grof, Stanislav and Halifax, Joan: *The Human Encounter with Death.* New York: E. F. Dutton, 1977. Deutsche Ausgabe: *Die Begegnung mit dem Tod.* Mit einem Vorwort von Elisabeth Kübler-Ross. Übersetzt von G.H. Müller. Stuttgart: Klett-Cotta, 1980.

Hillerdal, Gunnar und Gustaffson, Berndt: *Sie erlebten Christus.* Basel: Verlag Die Pforte, 1980.

Meduna, L. J.: «The Effect of Carbon Dioxide upon the Functions of the Brain». In: *Carbon Dioxide Therapy.* Springfield/Ill.: Charles C. Thomas, 1950.

Monroe, Robert: *Journeys Out of the Body.* Garden City: Doubleday, 1971.

– *Far Journeys.* Garden City: Doubleday, 1987.

Moody, Raymond: *Life after Life.* Atlanta: Mockingbird, 1975. Deutsche Ausgabe: *Leben nach dem Tod.* Mit einem Vorwort von Elisabeth Kübler-Ross. Übersetzt von Hermann Gieselbusch und Liselotte Mietzner. Reinbek bei Hamburg: Rowohlt, 1977.

– *The Light Beyond.* New York: Bantam, 1988. Deutsche Ausgabe: *Das Licht von drüben. Neue Fragen und Antworten.* Übersetzt von Liselotte Mietzner. Reinbek bei Hamburg: Rowohlt, 1989.

Morse, Melvin: *Closer to the Light.* New York: Villard, 1990.

Morse, Melvin u.a.: «Childhood Near-Death Experiences». In: *American Journal of Diseases of Children,* 140, 1986.

Osis, Karlis und Haraldsson, Erlendur: *At the Hour of Death.* New York, 1977.

Penfield, Wilder: *The Mystery of the Mind.* Princeton: Princeton University Press, 1975.

Penfield, Wilder und Rasmussen, Theodore: *The Cerebral Cortex of Man.* New York 1950.

Platon, *Sämtliche Werke 3. Phaidon, Politeia.* In der Übersetzung von Friedrich Schleiermacher. Hg. von Walter F. Otto, Ernesto Grassi und Gert Plamböck. Reinbek bei Hamburg: Rowohlt, 1958.

Ring, Kenneth: *Heading toward Omega.* New York: Quill, 1984. Deutsche Ausgabe: *Den Tod erfahren, das Leben gewinnen.* Erkenntnisse und Erfahrungen von Menschen, die an der Schwelle zum Tod gestanden und überlebt haben. Bern u.a.: Scherz, 1985.

– *Life at Death. A Scientific Investigation.* New York: Coward, McCann & Geoghegan, 1980.

Ritchie, George G.: *Return From Tomorrow.* Old Tappan: Fleming Revell, 1978. Deutsche Ausgabe: *Rückkehr von morgen.* Übersetzt von Konrad Brandt. Marburg/Lahn: Verlag der Francke-Buchhandlung, 1989.

Rodin, Ernst: «The Reality of Death Experiences. A Personal Perspective». In: *Journal of Nervous and Mental Disease,* Vol. 168 (Mai 1980).

Sabom, Michael B.: *Recollections of Death.* New York: Simon & Schuster, 1982. Deutsche Ausgabe: *Erinnerungen an den Tod – Eine medizinische Untersuchung.* Übersetzt von Helmut Willmann. München: Goldmann, 1986.

Sagan, Carl: *The Dragons of Eden.* New York: Random House, 1977.

Siegel, R. K.: «Hallucinations». In: *Scientific American,* Oktober 1977, S. 132 – 140.

Steiner, Rudolf
Die Titel dieses Autors folgen der Numerierung der Gesamtausgabe. Siehe Übersichtsbände zur Rudolf Steiner Gesamtausgabe. Erster Band: *Bibliographische Übersicht. Das literarische und künstlerische Werk von Rudolf Steiner.* Rudolf Steiner Verlag, Dornach/Schweiz 1984.
– GA 9 *Theosophie.* Einführung in übersinnliche Welterkenntnis und Menschenbestimmung. 1904.
– GA 10 *Wie erlangt man Erkenntnisse der höheren Welten?* 1904 – 1905.
– GA 13 *Die Geheimwissenschaft im Umriß.* 1910.
– GA 14 *Vier Mysteriendramen.* Darin: *Die Pforte der Einweihung.* 1910.
– GA 17 *Die Schwelle der geistigen Welt.* Aphoristische Ausführungen. 1913.
– GA 26 *Anthroposophische Leitsätze.* Der Erkenntnisweg der Anthroposophie. Das Michael-Mysterium. 1924 – 1925.
– GA 28 *Mein Lebensgang.* 1923 – 1925.
– GA 35 *Philosophie und Anthroposophie.* Gesammelte Aufsätze 1904 – 1918. Darin: *Die Chymische Hochzeit des Christian Rosenkreutz* (1917 – 1918).
– GA 52 *Spirituelle Seelenlehre und Weltbetrachtung.* 18 Vorträge in Berlin, 1903/1904.
– GA 93 *Die Tempellegende und die Goldene Legende.* 20 Vorträge in Berlin, 1904 – 1906.
– GA 95 *Vor dem Tore der Theosophie.* 14 Vorträge und 2 Fragebeantwortungen in Stuttgart, 1906.
– GA 101 *Mythen und Sagen.* Okkulte Zeichen und Symbole. 16 Vorträge in Berlin, Stuttgart und Köln, 1907.
– GA 103 *Das Johannesevangelium.* 12 Vorträge in Hamburg, 1908.
– GA 104 *Die Apokalypse des Johannes.* 13 Vorträge in Nürnberg, 1908.
– GA 105 *Welt, Erde und Mensch.* 11 Vorträge in Stuttgart, 1908.
– GA 116 *Der Christus-Impuls und die Entwickelung des Ich-Bewußtseins.* 7 Vorträge in Berlin, 1909/1910.
– GA 118 *Das Ereignis der Christus-Erscheinung in der ätherischen Welt.* 16 Vorträge in verschiedenen Städten und eine Fragenbeantwortung, 1910.
– GA 121 *Die Mission einzelner Volksseelen im Zusammenhang mit der germanisch-nordischen Mythologie.* 11 Vorträge in Kristiania (Oslo) und eine Vorrede von 1918. 1910.

- GA 130 *Das esoterische Christentum und die geistige Führung der Menschheit.* 23 Vorträge in verschiedenen Städten, 1911/1912.
- GA 131 *Von Jesus zu Christus.* 11 Vorträge in Karlsruhe, 1911.
- GA 135 *Wiederverkörperung und Karma und ihre Bedeutung für die Kultur der Gegenwart.* 5 Vorträge in Berlin und Stuttgart, 1912.
- GA 137 *Der Mensch im Lichte von Okkultismus, Theosophie und Philosophie.* 10 Vorträge in Kristiania (Oslo), 1912.
- GA 138 *Von der Initiation.* Von Ewigkeit und Augenblick. Von Geisteslicht und Lebensdunkel. 8 Vorträge in München, 1912.
- GA 140 *Okkulte Untersuchungen über das Leben zwischen Tod und neuer Geburt.* 20 Vorträge in verschiedenen Städten, 1912/1913.
- GA 141 *Das Leben zwischen dem Tode und der neuen Geburt im Verhältnis zu den kosmischen Tatsachen.* 10 Vorträge in Berlin, 1912/1913.
- GA 143 *Erfahrungen des Übersinnlichen. Die Wege der Seele zu Christus.* 14 Vorträge in verschiedenen Städten, 1912.
- GA 145 *Welche Bedeutung hat die okkulte Entwickelung des Menschen für seine Hüllen (physischen Leib, Ätherleib, Astralleib) und sein Selbst?* 10 Vorträge in Den Haag, 1913.
- GA 156 *Okkultes Lesen und okkultes Hören.* 11 Vorträge in Dornach und Basel, 1914.
- GA 158 *Der Zusammenhang des Menschen mit der elementarischen Welt.* 7 Vorträge und 6 Aussprachen in verschiedenen Städten, 1912 – 1914.
- GA 159 *Das Geheimnis des Todes.* 15 Vorträge in verschiedenen Städten, 1915.
- GA 178 *Individuelle Geistwesen und ihr Wirken in der Seele des Menschen.* 9 Vorträge in verschiedenen Städten, 1917.
- GA 231 *Der übersinnliche Mensch, anthroposophisch erfaßt.* 7 Vorträge in Den Haag, 1923.
- GA 234 *Anthroposophie. Eine Zusammenfassung nach einundzwanzig Jahren.* 9 Vorträge in Dornach, 1924.
- GA 236 *Esoterische Betrachtungen karmischer Zusammenhänge.* Bd. II. 17 Vorträge in Dornach, 1924.
- GA 257 *Anthroposophische Gemeinschaftsbildung.* 10 Vorträge in Stuttgart und Dornach, 1923.
- GA 260 *Die Weihnachtstagung zur Begründung der Allgemeinen Anthroposophischen Gesellschaft.* Grundsteinlegung, Vorträge und Ansprachen, Statutenberatung. Dornach, 1923/24.

Suter-Schaltenbrand, Ernst: «Das Lichtwesen aus der Sicht der Geisteswissenschaft». In: *Das Goetheanum,* 1986, Nr. 49 und Leserbrief dazu, 1990, Nr. 5.

Upanishaden. Die Geheimlehre der Inder. Übertragen und eingeleitet von Alfred Hillebrandt. Mit einem Vorwort von Helmut von Glasenapp. Düsseldorf u. Köln: Eugen Diederichs, 1977.

Vishnudevananda, Vishnu: *The Complete Illustrated Book of Yoga.* New York: Simon & Schuster, 1974.

Wachsmuth, Guenther: *Die Geburt der Geisteswissenschaft.* Dornach: Philosophisch-Anthroposophischer Verlag am Goetheanum, 1941.

Walker, George Benjamin: *Encyclopedia of Esoteric Man.* London: Routledge & Kegan Paul, 1977.

Willis, Claudia: «A Doctor Studies Patient's Recollections of Dying». In: *Time Magazine,* 8. Februar 1982, S. 79.

Wolkowicz, Benno: «Das Lichtwesen in der anthroposophischen Geisteswissenschaft: Zu dem Buch Leben nach dem Tod von Dr. med. Raymond A. Moody». In: *Das Goetheanum,* 1978, Nr. 18, S. 144ff.

Zaleski, Carol: *Otherworld Journeys.* New York: Oxford University Press, 1987.

Rudolf Steiner
Themen aus dem Gesamtwerk

1 **Wege der Übung**
Herausgegeben von Stefan Leber. 255 Seiten.

Grundlage für die anthroposophischen Forschungsergebnisse bildet der Schulungsweg, auf dem die Erkenntnisorgane zur Erfahrung höherer, übersinnlicher Wirklichkeitsbereiche entwickelt werden.

2 **Sprechen und Sprache**
Herausgegeben von Christoph Lindenberg. 174 Seiten.

Im Gegensatz zur modernen Linguistik wird hier das Gesamtphänomen der Sprache angeschaut und aus ihrer ursprünglichen Verwurzelung im Sprechen des Menschen entwickelt.

3 **Zur Sinneslehre**
Herausgegeben von Christoph Lindenberg. 155 Seiten.

Die Sinneslehre Rudolf Steiners beschreibt den vollständigen, zwölfgliedrigen Sinnesorganismus, seine Erfahrungsbreite und seine Bedeutung für das menschliche Leben.

4 **Vom Lebenslauf des Menschen**
Herausgegeben von Erhard Fucke. 256 Seiten.

Die anthroposophische Menschenkunde kennt den gegliederten Lebenslauf als einen rhythmischen Zeitorganismus, in dem der Mensch die Kräfte und Fähigkeiten der Seele von Lebensepoche zu Lebensepoche entfaltet.

Rudolf Steiner
Themen aus dem Gesamtwerk

5 **Erde und Naturreiche**
Herausgegeben von Hans Heinze. 223 Seiten.

In diesen Vorträgen werden in anschaulicher Sprache eine Fülle von übersinnlichen Beziehungen in der Natur und zum Menschen dargestellt.

6 **Naturgrundlagen der Ernährung**
Ernährung des Menschen I
Herausgegeben von Kurt Th. Willmann. 171 Seiten.

Die hier gegebenen Darstellungen der Natursubstanzen, ihrer Bildung und Kultivierung, ihrer Stellung in der Natur und ihrer Wirkung im menschlichen Organismus bilden die Grundlage für eine Ernährungslehre, die dem Wesen des Menschen entsprechen will.

7 **Ernährung und Bewußtsein**
Ernährung des Menschen II
Herausgegeben von Kurt Th. Willmann. 190 Seiten.

8 **Geschichtserkenntnis**
Zur Symptomatologie der Geschichte
Herausgegeben von Christoph Lindenberg. 169 Seiten.

Die Geschichtsbetrachtung Rudolf Steiners versteht die historischen Tatsachen als Symptome für einen Prozeß, aus dem die Entwicklungsimpulse der Menschen, ihres Lebens und ihrer Kultur hervorgehen.

Rudolf Steiner
Themen aus dem Gesamtwerk

9 **Wiederverkörperung**
Zur Idee von Reinkarnation und Karma
Herausgegeben von Clara Kreutzer. 214 Seiten.

Eine genaue, sachgemäße Betrachtung des menschlichen Daseins zeigt, daß der individuelle Mensch selbst Ursache für die Entwicklung seines Lebens ist.

10 **Gesundheit und Krankheit**
Herausgegeben von Otto Wolff. 192 Seiten.

Zur Begründung einer menschengemäßen Medizin und zur Klärung der Begriffe Gesundheit und Krankheit bietet der vorliegende Band die geisteswissenschaftlich-menschenkundlichen Erkenntnisgrundlagen.

11 **Spirituelle Psychologie**
Herausgegeben von Markus Treichler. 310 Seiten.

Das Thema «Spirituelle Psychologie» gehört zu den zentralsten des Gesamtwerkes Rudolf Steiners, da die psychologische Methode, die Selbstbeobachtung des Seelischen, die Grundhaltung der anthroposophischen Geisteswissenschaft schlechthin ist.

12 **Elemente der Erziehungskunst**
Herausgegeben von Karl Rittersbacher. 191 Seiten.

Hier sind neun Vorträge zusammengefaßt, die Rudolf Steiner in den Jahren 1906 - 16 über die Voraussetzungen einer erneuerten Pädagogik gehalten hat.

Rudolf Steiner
Themen aus dem Gesamtwerk

13 **Soziale Frage und Anthroposophie**
Herausgegeben von Dietrich Spitta. 318 Seiten.

14 **Christologie**
Herausgegeben von Heten Wilkens. 286 Seiten.
Rudolf Steiners innerstes Anliegen war es, die christlichen Inhalte in das Licht des modernen, erkennenden Bewußtseins zu stellen.

15 **Das Leben nach dem Tod**
Herausgegeben von Frank Teichmann. 280 Seiten.
Rudolf Steiner gibt in diesen Vorträgen konkrete Schilderungen über das Leben nach dem Tod und seinen Zusammenhang mit der Welt der Lebenden.

16 **Mensch und Sterne**
Herausgegeben von Heinz Herbert Schöffler. 186 Seiten.

17 **Vom Wirken der Engel**
und anderer hierarchischer Wesenheiten
Herausgegeben von Wolf-Ulrich Klünker. 229 Seiten.

18 **Geistige Wesen in der Natur**
Herausgegeben von Wolf-Ulrich Klünker. 246 Seiten.

19 **Das Mysterium des Bösen**
Herausgegeben von Michael Kalisch. Ca. 270 Seiten.